EVROPA

Jürgen Miermeister

BERLIN,

Anleitungen
zum Umgang mit
einer Riesin

Europäische Verlagsanstalt

WORTWAFFE
FÜR KÄMPFE IM REICHE DER RIESIN

Eine Schlange, die sich nicht häutet, stirbt.
Friedrich Nietzsche

PROLOG

In diesem Buch wird von einem erzählt, der auszog, die Liebe zu lernen – die Liebe zu den Frauen, zur Literatur, zu den Menschen, zum Leben – in der Stadt Berlin, seiner Auserwählten. Berlin als Riesin, als Allesverschlingende, Allesgebärende, Wiederkäuende, Umfängerin. Ein junger Mann gelangt wie so viele andere Ende der sechziger Jahre aus seiner Heimat, einem kleinen Dorf im Fränkischen, voller Sehnsucht nach einem aktiven Leben in die aktive geteilte Stadt. Lesen Sie, wie er sich seinen Platz in dieser großen, kalten Stadt durch Liebe erfindet. Dieses Buch ist eine Liebeserklärung an Berlin. Wird die Riesin diese Liebe erwidern?

Giganten waren riesenartige Söhne der Erde, die den Himmel stürmen wollten und von den Göttern vernichtet wurden. Die Giganten hatten hundert Arme und Schlangenfüße.
Im Fichtelgebirge, wo R. aufgewachsen war, hatte er von riesenhaften Töchtern der Metropole Berlin gehört, die offenbar dem Menschengeschlecht angehörten, das einst dem Blut der erschlagenen Giganten erwachsen war. Die Riesinnen aus Berlin, die sich zuweilen in die dunklen fränkischen Wälder verirrten, sollten hundert Brüste und sieben stets erregte Geschlechter haben. Dies ängstigte unseren Helden nicht, erweckte vielmehr seine Gier und Neugier. Und seit er in Wunsiedel, wo der bewunderte Jean Paul geboren und der geliebte Goethe zu Besuch gewesen war, eines dieser erotisch verwegenen Wesen erblickt hatte, zu seinem Unglück allzu flüchtig, hielt es ihn nicht länger im Lande der Franken. R. machte sich auf nach Berlin.

Er war nach Berlin gekommen, die geheimnisumwobenen Riesinnen zu betören und jung zu sterben. Und er sollte viel erleben in dieser Mutter Berlin – dies sind seine Erinnerungsversuche an die Riesenriesin, seine Kämpfe mit ihr, seine Wunden, Verluste, Siege.
Nach zahllosen Anfängen *in ihr,* alle rasch verworfen, wird klar: Die gefährliche Gigantin ist nur aus der Ferne zu verführen, zu erobern, zu besiegen. Und nur schreibend, nur in der Phantasie.

Schon Ovid hat es erfahren müssen, Walther von der Vogelweide, Goethe, Nietzsche – alle Titanen des Geistes: Der Kreative ist notwendig der Melancholiker, und nur der Größenwahnsinnige wagt das gigantische Werk.

Aus R.s Tagebuch: 21. April 1970

Die Semester in Erlangen/Nürnberg hatten aus menschlich-angenehmen Begegnungen bestanden, interessanten Seminaren und Vorlesungen, erster Berührung mit Hochschulpolitik.
Nun aber war er endlich in Berlin, seiner Riesin. Philosophie an der Freien Universität.
Seit einigen Tagen hörte er Vorlesung beim legendären Wilhelm Weischedel. – Philosophie als radikales Fragen. Die Welt als Selbstdarstellung Gottes. Das Absolute begibt sich in die endliche Daseinsform.
Es muß sich aus seiner Identität heraus entzweien in Subjektives und Objektives.

Wahrheitsbegriff Hegels: Richtigkeit und wahrhafte Wahrheit. Hegel spricht nicht jedem, nur weil es vorhanden ist, schon Wirklichkeit zu.
Die Idee, der Begriff, ist wirklicher als die seienden Dinge. Wenn die Idee zu sich selbst durchgedrungen ist, ist sie absoluter Geist.
Das Denken ist die Erhebung vom Partikularen zum Allgemeinen. Von dieser Erhebung, so Weischedel mit erhobener Stimme, lebe Hegels ganze Philoso-

phie. Die Erfahrung dieser Erhebung mache es ihm erst möglich, von einem absoluten Standpunkt her zu denken.
Doch diese Grunderfahrung, seine Prämisse, sei nicht ausweisbar. Daran scheitere der Kern seines philosophischen Systems.

Aus R.s Tagebuch: 26. Mai 1970

In den letzten Wochen, nicht nur bei Weischedel, nicht nur am Philosophischen Institut in Dahlem, sondern in allen Studienfächern – Publizistik, Sinologie, Soziologie, Ethnologie, Marx, Marx, Marx gelesen, Vorlesungen über ihn gehört. Auch deswegen hält er es wie Ernst Bloch, sucht nicht nur den Studienort, sondern auch die Seminare nach schönen Kommilitoninnen und nicht nach den Professoren aus.
Laut Wilhelm Weischedel ist Friedrich Nietzsche die einflußreichste Gestalt im Kampf gegen die Metaphysik. Nietzsche bekämpfte Platos Ideenwelt, auch in ihrer christlichen Ausprägung.
Auch die Wissenschaft seiner Epoche sah er als versteckte Metaphysik.
Die gesamte Wirklichkeit ist vom Irrtum durchherrscht.
Der Mensch erfindet sich seine Grundfiktionen, er konstruiert das Nichts zum Gott, zur Wahrheit.
Jedoch: Ohne solche Metaphysik wäre die Menschheit nicht geworden, was sie ist.

Welcher Denkende, so Nietzsche, hat die Existenz eines Gottes noch nötig?
Atheismus ist die Einsicht, daß es in der Welt nicht göttlich zugeht. Wie kommt es zum Tod Gottes, woran geht er zugrunde? Er war immer schon tot, insofern er immer schon ein Fluch auf das Leben gewesen sei, seine Verachtung, die Verleugnung des Diesseits.
Der Mensch habe Gott getötet mit seinen Taten.
Der Tod Gottes ist noch nicht vielen bewußt.
Weischedel: Nicht nur in Gestalt des Zarathustra hat sich Nietzsche als hellsichtigen Seher des Kommenden gewußt.

Aus R.s Tagebuch: 9. Juni 1970

Heute ging es um Martin Heidegger.
Wilhelm Weischedel war sein Schüler.
Wie Hannah Arendt Heideggers Schülerin war.
Und seine Geliebte für eine Zeit.
Etliche aufregende Frauen da, doch konzentriere ich mich auf die Frage nach dem Nichts und nach dem Sein des Seienden.
Die Seinsfrage der Metaphysik, so Heidegger, der von 1927 bis 1933 und von 1947 bis 1963 seine Glanzzeiten gehabt habe, ist unzulänglich, kann das Sein als solches nicht ergreifen. Die Metaphysik fragt nicht nach der Wahrheit des Lichtes, des Seins, sondern bleibt an das Seiende gebunden.
Was ist Seiendes? Das Unverborgene.

Der Mensch ist des Seins nicht mächtig.
Der Mensch ist nicht das Wesentliche, sondern das Sein.
Andererseits ist das Sein angewiesen auf den Menschen – aber nicht ihm unterworfen!
Ohne den Menschen kann keine Lichtung stattfinden, da er das Unverborgene, die Lichtungen wahrnimmt!
Der Mensch hütet das Sein!

ANMERKUNG IM JAHR 2000

R. hat das Sein an der Freien Universität Berlin 37 Semester lang gehütet.
Ja, seine nicht wenigen *Holzwege* in der Riesin, dieser Verführerin!
Doch endlich hatte er Heidegger *existentiell* verstanden, hatte jedoch vorsichtshalber in einer anderen geisteswissenschaftlichen Disziplin Examen gemacht, zwei halbe Doktorarbeiten geschrieben, die man in Berlin leider nicht, wie in Bremen etwa, zu einem ganzen akademischen Grad addieren darf, sich schließlich für die Literatur sowie für »Frauen und Fernsehen« entschieden.
In diesen Jahren schmerzte die Riesin Verirrung und Verrat einiger ihrer empfindsamsten und klügsten Töchter und Söhne.

Gerne war R. am Grab Heinrich von Kleists – vielleicht könnte er hier begreifen, was das Geheimnis der tiefen, unentrinnbaren Verbindung von Liebe und Tod war. Und vielleicht würde er, inspiriert von der Düsternis und Lichtheit des Wäldchens am Kleinen Wannsee, verstehen, wie es mit dem großen Dritten war – dem Ruhm, dem Nachruhm, dem ewigen Ruhm, der Ewigkeit.
»Er suchte hier den Tod und fand die Ewigkeit« soll auf dem früheren Grabstein gestanden haben.
Heinrich von Kleist hatte sich hier im Alter von vierunddreißig Jahren am 21. November 1811 nachmittags erschossen. Zuvor hatte er auf ihren Wunsch hin das Leben seiner Todesgefährtin Henriette Vogel beendet, der unheilbar kranken Ehefrau eines Rentmeisters aus Berlin.
Als R. im Frühling 1980 wieder einmal auf der kleinen Bank neben dem Grab saß, nachdem er eine wilde blaue Blume und einen Kieselstein dem Dichter verehrt hatte, wurde ihm eine Erkenntnis zum großen Schmerz: Siebenunddreißig Jahre war er nun schon alt, ja, alt alt alt, und jung hatte er doch sterben, sich töten wollen, viele gebrochene Herzen und ein Werk hinterlassend – groß genug für einen kleinen Nachruhm.
Sein Kampf mit der Riesin dauerte nun aber schon zehn Jahre, zehn Jahre sein Suchen nach Sinn und Glück, poetischen Visionen und erotisch-ekstatischen Erfüllungen.

Einige Töchter der Riesin hatte R. durchaus mit einigem Erfolg zu Spaziergängen an die Ufer der Havel (hier war sein einstiger Lieblingsdichter Georg Heym ertrunken, vierundzwanzig Jahre jung) gelockt, zuweilen wie zufällig das Grab des mythischen Kleist findend, und hatte zu brillieren versucht und gleichzeitig den einsamen, todessehnsüchtigen Poeten gespielt, der er in glücklichen Momenten auch gewesen war.
Einmal war R. eine wahnsinnig schöne blonde Schülerin aus dem Reich der Literatur hierher in das Reich der Sinne gefolgt, allerdings hatte sie das Grabgespräch über *Die Verlobung in St. Domingo, Penthesilea* und *Prinz Friedrich von Homburg* als eher quälende Fortsetzung ihres langweiligen Deutschunterrichts empfunden.
Die Studentin fortgeschrittenen Semesters hingegen hatte das geistige Vorspiel im Wäldchen am Wannsee offenbar durchaus genossen, mindestens hatte sie R. mit großen grauen Augen höflich gelauscht und zuweilen einen Brocken Bildung in seinen eitlen Vortrag geworfen.
Ganz schwieriges Spiel hatte der Dämon R. (so nannte ihn ein Ehemann, als er von der Verführung erfuhr) mit der kindfraulichen Lehrerin für Psychologie, Deutsch und Englisch.
Sage und schreibe siebenmal mußte R. – denn eigentlich war sie treu wie das Käthchen von Heilbronn – mit ihr zum bewußten Grabe pilgern, bevor sie ihn erhörte und sie sich erkannten und ergaben.
Stunden um Stunden hatte er ihr Novellen und

Gedichte von Kleist vorgelesen. Die »Hymne an die Sonne« etwa:

> Über die Häupter der Riesen, hoch in der Lüfte
> Meer, trägt mich, Vater der Riesen, dein
> dreigezackigter Fels.
> Nebel walten,
> Wie Nachtgestalten,
> Um die Scheitel der Riesen her,
> und ich erwarte dich, Leuchtender!

Ich frage dich, Leserin, hättest du solch göttlichem Charme so lange widerstehen können, hättest du nicht viel früher als besagte Kindfrau dem großen Dichter Kleist und damit auch seinem kleinen Bruder R. bebend vor Erregung zugerufen: »Ich erwarte dich, Leuchtender!«?

Lassen wir die Antwort offen, verbrieft ist, daß R. die Kindfrau am Ende eroberte, Kleist möge es ihr verzeihen, mit Saint-Exupérys kleinem Prinzen als zartem, poetischem, sterbendem, auf seinem Stern ewiglebendem Liebhaber. Liebe. Tod. Ruhm. Ewigkeit.

Doch was wissen wir schon gewiß. Mag sein, die junge Frau hätte sich R. auch ohne die Melancholie geschenkt, in die beide nach dem blitzartigen Biß der gelben Schlange, nach dem Tod des Kleinen Prinzen (und dem eines gemeinsamen rebellischen Freundes) gefallen waren. Vielleicht war es einfach die Naturgewalt des Eros und gar nicht die verlockende Literatur.

Doch weil der Mystiker in R. gefallene Engel liebt und

auch die großen Dichter fast allesamt gefallene Engel sind, wird es ihn weiter zu ihren Gräbern ziehen – nicht nur in Berlin.
In solchen Nächten stöhnte die Riesin.

TRAUM VOM BÄREN

Ein Zwischenspiel nach Kleist

Der Held sah erstaunt, daß der Bär auf den Hinterfüßen stand, mit dem Rücken an einen Pfahl gelehnt, an welchem er angeschlossen war, die rechte Tatze schlagfertig erhoben, und sah ihm ins Auge: Das war seine Fechterpositur.
R. fiel, mit einer augenblicklichen Gewandtheit, auf ihn ein, eines Menschen Brust würde er ohnfehlbar getroffen haben: Der Bär machte eine ganz kurze Bewegung mit der Tatze und parierte den Stoß.

Er saß in Berlin-Lichterfelde.
Steinwürfe nah dem Fokus der alten Revolte, der Freien Universität.
In der Mansarde des Steppenwolfs.
Vor ihm lagen 117 bekritzelte Blätter und 37 schöne Bücher zum Rauben schöner Sätze.
Er saß in Berlin-Kreuzberg, der Freien Republik.
Arena der neuen Revolte, Höhle der jungen Löwen.
Für 61,83 Mark wohnte er dort: Mundusche, Außenklo.
Er war ein Rumtreiber, Flaneur, Tuareg, stolperte zwi-

schen Kulturen und Revolten. Und, das war so eine Ahnung, über dich und diesen Versuch über dich – Berlin, durchschnittener schwarzer Bär zwischen den Schenkeln des Vatermutterlandes, seit er dich und sich in dir allabendlich notierte, streunte er wieder offener und erregter und unvorsichtiger durch deine Häuserschluchten und verruchten Höhlen, entlang deinen grauen Wassern mit grauen Schwänen, schaute er ihnen noch neugieriger in die Augen, deinen grellen größenwahnsinnigen melancholischen klugen Kindern.
Phantasie braucht Erfahrung, braucht Zunge und Ohr.
Über Jugendkulturen schreiben.
Sich verirrend ein Labyrinth beschreiben.
Einen Drachen mit tausend Köpfen –
rascher abgeschlagen und abfaulend als anderswo.
Und rasender wachsend.

Er versuchte, ihn durch Finten zu verführen; aber der Bär rührte sich nicht. Aug in Aug, als ob er seine Seele darin lesen könnte, stand er, die Tatze schlagfertig erhoben, und wenn seine Stöße nicht ernsthaft gemeint waren, so rührte er sich nicht.

BERLIN, SCHÖNES RAUBTIER,

schon immer locktest du die an, die existentielle Enge nicht ertragen, die rebellieren im fränkischen Dorf,

in der kleinen schwäbischen Stadt. Wenn sie von dir hören in norddeutschen Hörsälen, wollen sie schauen deine Stätten des alten Mythos, die kultischen Orte der spätsechziger Revolte, berühren, spät dazugehören oder zum neuen Aufflug des Phönix.
Die Sehnsüchte, die Träume, die Hoffnungen derer, die gekommen, sind Riesen. Sie waren große Egos in ihrer überschaubaren Welt. In ihren Gemeinschaften, ihren kleinen Szenen waren sie Besondere, Kluge, die Sensibelsten vielleicht, die Belesensten, ja Auserwählte, deiner würdig, riesige Leinwand, und jeder träumte sich als Star, als Gigant auf dir, als James Dean und Gottfried Benn, als Bert Brecht und Bob Dylan.
Und dann zeigst du ihnen, allen fast, oft über Nacht und brutal, wo sie wirklich sind, du zartes Scheusal, und wer sie sind – daß sie Kurzfilme sind und nicht einmalig.
Viele von ihnen sagen kokett oder trotzig »no future« und wollen doch ewig leben. Und du zeigst ihnen, sadistische Sphinx, sterbende Stadt Berlin, daß sie wirklich keine haben – in dir. Ihren Hunger nach Sinn und Glück stillst du mit sinnloser Arbeit oder keiner, mit kaputten Häusern oder teuren oder keinen, mit der kalten Ästhetik von Kliniken, Trakten, Raketen.
Und die das Moment der Verzweiflung, der Verführbarkeit und Lebensgefahr leugnen oder verdrängen, schon wieder Oberfläche, Schein, Erscheinung feiern: die neue Körpersprache der Einsamkeit mit Kopfhörern, die dröhnend-schöne Musik im *Dschungel*, das gespenstische Schweigen der Tänzerinnen, Tänzer

und Schaulustigen in diesem Wachsfigurenkabinett, zu dem das Mädchen, wenn du geklingelt hast, dich auserwählt oder verstößt. Die Betäubungen und Drogenspiele aller Art als neue Sinnlichkeit feiern, als sympathische Befreiung von Theorien und Begriffen – mögen endlich Körper sprechen, nicht schon wieder Theorien.

Dagegen diese Schwätzer von 68, die mit peinlicher Gewalt ihre Irrtümer ignorieren, ihre Verantwortung für Mord und Totschlag verweigern. Mögen ihnen ihre fatalen neuen Heroisierungen im Halse stecken bleiben, ihr verlogenes Lob der Militanz von Hausbesetzern etwa – kehren sie doch von den verbalradikalen Versammlungen nachts um drei in ihre fünf Zimmer zurück, zuweilen in Dahlemer Villen, und nicht in die Angst von besetzten Kreuzberger Häusern.

Nicht ohne Ahnung hatte R. sich in die vielfach zerrissene Stadt, in die Riesin, in die Kleistsche Bärin, in die Berliner Ausnahmezustände, angeblich befreiten Gebiete einer alternativen Gesellschaft, in die sogenannte Hauptstadt der Revolten begeben. In die Metropole von Utopien und Experimenten, in deren Euphorien, Emphasen, Verirrungen, Versteinerungen.

R. ging es nicht ganz »wie denen, die sich auf die Reise begeben, um mit eigenen Augen eine Stadt ihrer Sehnsucht zu schauen, und sich einbilden, man könne der Wirklichkeit den Zauber abgewinnen, den die Phantasie uns gewährt«.

Gewiß, er kam aus der Provinz, doch die Naivität, die arrogante Großstädter mit dieser Bezeichnung verbinden, besaß er nur in kleinem Maße. Hatte er doch nicht nur allgemeine psychologische Wahrheiten Marcel Prousts sich angeeignet, sondern war ganz konkret von Hans Magnus Enzensberger in gewisser Weise gewarnt worden:

In Berlin, dem Ort mit dem leichten Kohlengeruch, sei Deutschland am deutschesten und Europa am dunkelsten.

Ja, R. war gewarnt. Gerüchte schon in der Ferne: die Stadt hinter der Mauer – ein Ort hastiger Lust und endloser Lähmung, extremer Träume, großen Glücks. Ort des Traumas und tragischen Tods.

Blutige Spuren am Weg.

Das ist der Ort, wo Benno Ohnesorg erschossen wurde.

Nun ist es auch der von Rudi Dutschkes Grab.

Berlin, das ist der Ort, wo sie mit Eisenstangen diskutierten, wo der Trotzkist ein Auge läßt, wenn er nicht mit vor Stalin kniet.

Berlin, das ist der Ort von Selbst-Beerdigungsversuchen, der Verkündung des Todes von »bürgerlicher« Kunst und Literatur, ein Ort rigider Fremdbestimmung und Äußerlichkeit.

Und die Sünde lag früher, als der Mythos mancher Revoltenführer es will.

Berlin, das ist der Ort, der, wiederum extrem, die Antwort gibt: die Selbstbestimmung und Eigenliebe, Ironie und Innerlichkeit. Politik, wenn überhaupt noch, in erster Person. Statt Projektionen in ferne Völker: Befreiung, hic et nunc, des empirischen Subjekts.

Auch dieser Ausbruch kennt Tränen und Tod.
Und nicht nur den mit der Nadel.
Die Reise in sich selbst kann auch erschöpfen.
Und nicht immer entkommt der moderne Odysseus den künstlichen Paradiesen.
Die junge Szene in Berlin: Neben keimender Zärtlichkeit, befreiter Freundlichkeit noch die Strapazen im Gesicht: die alten Versteinerungen und die neuen Wunden.
Die Angst vor den Monstern draußen und denen in ihr selbst. Narben mit dünner Haut.
Die rebellische Szene in Berlin: Fließende Übergänge.
Schillerndes Amalgam aus fünfzehn und tausend deutschen Jahren.
Ausgefranste Ränder.
Eine wuchernde Wurzel.
Mit Geheimnissen, Märchen, Tarnkappen.
Koketterie mit der Konspiration.
Ein wenig Untergrund, ein wenig Zaubertrank des Druiden.

Die rebellische Szene in Berlin: Viele sind unterwegs.
Aufgebrochen auch aus *Dschungel*paradiesen.
Sich nicht versuchen, sich nicht vertreiben lassen von Schlangen und falschen Göttern.
Selbst den Apfel nehmen, rauben.
Ein Tasten zwischen Wahrheiten und Gegenwahrheiten.
Erste Worte, Odysseus kann nur stammeln.
Ungelenk, noch fehlt die Grazie.
Doch im Gesicht ein Mut zu neuen Meeren.

»So findet sich auch, wenn die Erkenntnis gleichsam durch ein Unendliches gegangen ist, die Grazie wieder ein; so, daß sie, zu gleicher Zeit, in demjenigen menschlichen Körperbau am reinsten erscheint, der entweder gar keins oder ein unendliches Bewußtsein hat, d.h. in dem Gliedermann oder in dem Gott. Mithin, sagte ich ein wenig zerstreut, müßten wir wieder vom Baum der Erkenntnis essen, um in den Stand der Unschuld zurückzufallen?
Allerdings, antwortete er (der Kleistsche Erzähler der Geschichte der Grazie des Bären); das ist das letzte Kapitel von der Geschichte der Welt.«
In solchen Zeiten taumelt die Riesin, das schöne scheußliche Raubtier, zwischen ihren Schreien und ihrem Schweigen.

Brief des Riesen aus dem Herzen der Riesin

Liebe M.,
streune ich in diesen Wochen durch Straßen und Szenen der Mega-Stadt, drängt sich ganz oft ein Bild Franz Kafkas ins Hirn. »Leoparden brechen in den Tempel ein und saufen die Opferkrüge leer; das wiederholt sich immer wieder; schließlich kann man es vorausberechnen, und es wird ein Teil der Zeremonie.«
Liebe M., ich weiß, du willst nichts wissen von den politischen Bewegungen in Berlin, ich weiß, du willst alles wissen.
du hast sie mitgenommen, diese Monsterstadt, auf

die Flucht vor ihr, hinunter in den Süden, wo man das Meer riechen und Andorra ahnen kann und andalusische Anarchisten im Exil.
Ich montiere dir heute ein wenig Wirklichkeit der jüngeren Zeit. Mögest du keinen falschen Eindruck bekommen: Auch in dieser Landschaft leben Liebe und Meer, Schönheit und Glück. Ich bin in Maßen nur Masochist, hasse diese Riesenstadt nicht nur. Doch der Verdacht einiger »Geschichte wird gemacht, es geht voran!«-Menschen ist wohl nicht so falsch, ich sähe kulturpessimistisch in jedem Aufbruch und in jeder Revolte zu früh die Melancholie und die Nacht.
Womit anfangen? Wo aufhören?
Mit Beerdigungen oder Hochzeiten?
Mit den zehntausend Jugendlichen an der Nadel?
Es ist in dieser verdammten Stadt leichter an Heroin zu kommen als an Würstchen, sagte der Fixer, ist das nicht ein Fortschritt?
Mit den 217, die nur noch kamen zur 77. Häuserkampfdemonstration in 7 Monaten?
Mit den 27000 beim Protest gegen die Ausweisung von Ausländern?
Von den 17000 Deutschen trugen 10000 Polizeiuniform. Genug. Zahlen mag ich immer weniger, rasche Interpretationen, allgemeine Analysen, eindeutige Theorien, angebliche Wahrheiten.
Zorn, Angst, Militanz, Müdesein oder subversive Kultur werden immer noch zu sehr am Straßenrand gemessen – in Phalanxen, Phon und Millionenschäden.
Liebe M., du kennst die politische Szene dieser ver-

wundeten Stadt von früher, warst im Strudel, warst »Genossin«, und hast du nicht 37 Semester Soziologie studiert? Analysiere selber, vergleiche, bewerte! Was mich angeht – Verlust des Wissens davon, was wirklich wichtig ist.
Wahrheiten verlassen das Gehirn, Ideologien, zögernd, doch Gott sei Dank – und Dank auch einigen Dichtern: Thomas Brasch zum Beispiel, der radikal sein poetisches Ich verteidigt – nicht nur gegen ostdeutsche Kollektivismen; in dessen Werk stets die eigene existentielle Gefährdung spürbar ist. Ja:
Vor den Vätern sterben die Söhne – und die Töchter.

Soll ich dir erzählen, liebe M., von dem
Mädchen mit grünem Haar und
weißer Ratte auf der schwarzen Lederschulter
vor dem Lautsprecherberg aus Silber
arme Ratte
und dem wirbelnden Badge
Der Schizophrene ist nie allein
im Tempodrom beim
Festival der genialen Dilettanten
Mit der blutjungen New German Welle, die nach
Eiszeit Gold und Liebe schreit, im kalten Berlin

Oder soll ich dir erzählen vom kleinen
Mädchen im Mifgash
einem jüdischen Lokal
als die Bombe explodierte

es starb das Kind fast auf den Tag
an jenem Tag, an dem vor vierzig Jahren
am Wannsee bei einem guten
Tropfen der Tod von Millionen europäischen Juden
von braven Beamten beschlossen wurde.

Geht es dich an, daß der Haß in dieser deutschen Stadt mit der großen liberalen Tradition sich immer weniger versteckt? Der Haß auf alles andere.
Geht es dich an, daß einige deiner 68er-Führer unermüdlich die neuen Revolten belehren? Diese ärgerlichen Chamäleons, die eigenwillig Begriffe zerbrechen, starken Fischen gleich die Netze linksradikaler Menschenfischer zerreißen.
Oder geht dich mehr an, Tochter von Alice Schwarzer, daß Berlins regierende Männer die Moral in Gefahr sehen und die Würde der Frauen und uns von Peep-Shows befreien wollen?

Haste ne Mark
befahl die Punk-Frau
Kopf wie die Sonnenblumen
vor der Music-Hall im südlichen Steglitz
Tod oder Weltruhm
murmelte R.
und gab ihr zwei.

Von 47 000 Studenten der Freien Universität Dahlem bleiben bei Vollversammlungen 46 300 weg. Sie machen lieber Hausaufgaben, sagt wehmütig der frühe-

re Rädelsführer, und sein Blick sucht minderjährige Schönheiten mit wissenden Augen auf der Tanzfläche der düsteren Discothek, die gnädig sein Greisenalter und seine Gier verbirgt. Die Entpolitisierung von Studentinnen sollte er nicht beklagen.
Im gnadenlosen Licht des Audimax ist er ohne Chance.

R. hatte schon die Mark
in der Hand (Männern gab er keine zwei)
da stieg der Punker
in den großen neuen BMW

Vor einem Jahr traf R. ihn bei Dreharbeiten.
16, Tapetenrolle in der Hand.
Er half Hausbesetzern.
Kürzlich – er trug ein Halstuch vor dem Gesicht, und R. erkannte ihn nicht sogleich – hielt der junge Mann ein Transparent:
»Auge um Auge. Mord für Mord.«
Nicht schwer, Kassandra zu sein am Rande des Kraters.
Auf Fahndungsplakaten wird R. ihn wiedersehen.

Hätte R. ihn ansprechen sollen?
Und was ihm sagen, was er nicht tausendmal gehört?
Jedem die eigene blutige Erfahrung?
Ist Geschichte ein Kreis?
Und durfte R. solch existentielle Entscheidung etwas angehen?

Ist nicht jeder Ausbruch, auch der tödliche, vielleicht gerade er, legitimer Schrei nach Tiefe, Individualität und Sinn?
Und doch quält es, fataler Wiederholung einfach zuzusehen.
Selbstbestimmung?
Noch war R. sentimental.
Noch klopft er, wenn es beim Nachbarn nach Gas riecht. Noch will es nicht über die Lippen das: Spring, Frau, aus dem 18. Stock des Corbusier-Hauses, wenn du glaubst, daß du springen mußt (sie sprangen zu dritt). Noch will es nicht über die Lippen das: Hau sie dir rein die Spritze mit dem weißen Tod, Junge, wenn du Glück fühlst für einige Stunden.
Noch will es nicht über die Lippen das: Kauf dir die Knarre Mädchen am Bahnhof Zoo, wenn du meinst, auf sie schießen zu müssen, die deine Freunde gefangen halten in Moabit.
Autonomie?
Wer kann entscheiden, wer *frei* entscheiden kann?

Mit Tränen in den Augen hatte ihm die Philosophiestudentin S. gedankt vor wenigen Tagen dafür, daß R. sie irritiert und nachdenklich gemacht habe mit seinen pazifistisch-christlichen Sprüchen, damals, als sie nicht wußte, *wer sie war*, wie sie heute sagt, und doch entscheiden sollte: Bewaffneter Kampf in Berlin, in Deutschland oder Philosophie oder Beides oder Nichts.

Er soll getrommelt haben die ganze Nacht.
In der Nacht, als sein Berliner Sommer zu Ende ging.

Klaus-Jürgen R. steht, kaum leserlich, auf dem grauen Telex-Papier, der Schweigemarsch begann am Olivaer Platz, steht da, um 19 Uhr 58.
Die jüngste Berliner Jugendbewegung, die Hausbesetzerszene, hat nun ihren Märtyrer, schoß es R. durch den Schädel, ihren Benno Ohnesorg, ihren Rudi Dutschke, ihren Georg von Rauch.
Alle über die Mauer werfen, sagt im Fernsehen die Frau am Kurfürstendamm, alle über die Mauer.
Der ist selber schuld. Die müßten öfter mal Busse einsetzen anstelle der Polizei. Da würde wieder Ordnung geschaffen werden (langes Lachen). Einfach verjagen mit den Bussen solche Typen. Wer nicht weggeht, wird überfahren. Fertig.
Telex-Meldung von 23 Uhr 02: »Berlin: Schwere Ausschreitungen nach dem Trauermarsch für Klaus-Jürgen R., sie halten an, auch in Frankfurt und Bonn.«
Später sagt der Politiker L., der stolz darauf ist, ein Arbeiterjunge aus dem Ruhrgebiet zu sein, der nach Berlin kam und Senator wurde, sagt der proletarische König Kreon, dessen Kämpfer Blumen und Tränen Trauernder und eines toten Jugendlichen Blut mit Wasserwerfern und Tränengas und Knüppeln verdrängten, sagt der mächtig gewordene Arbeiterjunge über einen anderen Arbeiterjungen aus dem Ruhrgebiet, der nach Berlin kam, in die Hauptstadt der Aussteiger, und Hausbesetzer wurde: »Der hat doch eine ganze Reihe von Chancen gehabt. Der ist immer aus-

gestiegen. Der R. kann nicht einfach generell sagen, ich habe auf nischt n Bock und andere sollen dafür sorgen, daß ich leben kann. Der hätte in Kleve bleiben können.«

Er soll getrommelt haben die ganze Nacht.
In der Nacht, als sein Berliner Sommer zu Ende ging.

Als der Drehbuchautor Riese, stets auf der Suche nach dramatischen Stoffen im wilden Westberlin, diese spontanen Notizen nach Tagen wieder las, klang ihm die Geschichte, die notwendige Zuspitzung, also Vereinfachung, schon bedacht, doch allzu sehr nach Täter und Opfer, nach Kain und Abel, war somit, wie er mit Hermann Hesse wußte, wohl eine zu schlichte Sicht auf ein kompliziertes großes psychologisches Drama.

Doch seltsam und aufregend erschien ihm dieses erneute tödliche Kreuzen von Lebenswegen in Berlin zu Zeiten von Aufruhr. An zwei andere Arbeiterjungen musste R. denken, nicht aus dem Ruhrgebiet, sondern aus der DDR: an Josef Bachmann, der in Berlin zum Attentäter wurde, und an Rudi Dutschke, auf den der drei Kugeln schoß, damals, 1968, die dann elf Jahre später doch noch tödlich waren.
Auch diese beiden hatten, wie viele aus dem Osten Deutschlands, Uwe Johnson etwa oder der Lyriker Peter Huchel, einen Traum, ein glückliches Leben in einem wiedervereinigten Vaterland, als sie sich westwärts wandten.
Doch Berlin wurde *der Tod* für beide.

Wohnt er nicht doch mehr hier als in anderen Städten?

Liebe M.,

vielleicht wirst auch du mir vorwerfen, meine Geschichten aus dem Reich der jungen Revolten seien zu unpolitisch und nicht hart genug in der Kritik mancher Akteure, verharmlosten gar durch Ästhetisierung die Absurditäten und Sünden der Aufrührer und ihrer Politikversuche. Dies waren immerhin die Anmerkungen eines Freundes, Musiker und Germanist, zu einigen meiner Erzählungen.

Aber ich bin kein politischer Journalist. Und möchte keiner sein.

Schreiben in dieser und jener Gestalt ist Kunst in der Zirkuskuppel, ein Balancieren zwischen Brüderlichkeit und Verrat. Schreiben, im vorliegenden Fall, ist ein Abwägen zwischen kalter Geschichtsschreibung und billiger Häme, rascher egoistischer Verwertung und ehrlichem Pathos, philosophischer Faszination, ja Liebe, und arroganter Verachtung, die allzu oft im altklugen Geschwätz endet.

Schreiben, liebe M., ist: in Gefahr sein: mit jeder Zeile. Doch, verzeih, alle Bücher, alle Zeitungen weglegen, wie du dort im französischen Süden, den Bleistift zerbrechen, der öffentliche Dispute mitschrieb, nur noch weise lächeln wie du im Wald, auf der Suche nach deinem Seelenheil, das vermag ich nicht.

Ich habe einen lästigen Hang zu Kausalität und ganzen Sätzen.

Gleich gibt es im Fernsehen »Die Lady von Shanghai« mit Rita Hayworth und Orson Welles.

Ein Telegramm hätte ich lieber schicken sollen:
BERLIN STOP WO EUROPA AM HÄSSLICHSTEN IST STOP NOCH IMMER HAUPTSTADT VON RATTEN HUNDEN UND ROLLS ROYCE STOP
64, 100 000, 4 MILLIONEN STOP ENDLICH EIN SPRUNG IN DER NATUR STOP ENDLICH BETRETEN RATTEN DAS SINKENDE SCHIFF STOP
Oder dir meinen jüngsten Traum erzählen: David Bowie (in einem Hemd der FDJ) und Rudolf Bahro (grell geschminkt) verlassen in einem Zeppelin die Stadt Berlin. Von oben rufen sie den Zurückbleibenden zu: Dieser Ort ist nicht mehr geschichtsträchtig! Dieser Ort ist der langweiligste der Welt!
Wahrscheinlich wurde der Traum von dem wunderbaren Gedicht »Der fliegende Robert« von Hans Magnus Enzensberger ausgelöst, der ja Berlin auch längst verlassen hat.
Offenbar fliegen alle Großen davon.
Nur ich Idiot bleibe der Riesin treu.

BILDER EINER RIESENRIESIN
Kleine Auswahl

»Berlin wurde mir durch diese Erzählungen mehr denn je der Ort, wo Können und Qualität der künstlerischen Arbeit mit den strengsten Maßstäben gemessen werden. Mit anderen Worten: Wenn man in Berlin akzeptiert war, hatte man es geschafft.«
Hans Werner Henze

»Berlin mag sich, seitdem ich dort war, und das ist schon lange her, sehr verändert und verschönert haben; allein zwei Dinge würde ich dort gewiß, ebenso wie vordem, alltäglich wiederfinden: Unter den Linden Staubwolken und am Himmel Regenwolken.«
Johann Wolfgang Goethe

»Der Reichstag hat in dieser Woche ein populäres Thema behandelt: Kuppelei. Bebel hat die Frage des Hausfreundes angetippt; des dritten Mannes, oder vielmehr des zweiten Mannes im ›dreieckigen Verhältnis‹, um dieses Ibsenwort zu brauchen.
Ich kann auch hierauf nicht eingehen. Man würde mich aufhängen ... Ich kann mir genau vorstellen, mit welchen Gefühlen dieser und jener die Kitzeleien des Sozialdemokraten gelesen hat. Die Zahl der Gänsehäute ist in dieser riesigen Stadt gar nicht zu ermessen. Womit nicht gesagt sein soll, daß der Hausfreund in Berlin relativ stärker auftritt als anderswo.«
Alfred Kerr

»Im Kommen ist jetzt der Kreuzberg, die feuchten Keller und die alten Sofas sind wieder gefragt, die Ofenrohre, die Ratten, der Blick auf den Hinterhof. Dazu muß man sich die Haare lang wachsen lassen, muß herumziehen, muß herumschreien, muß predigen, muß betrunken sein und die alten Leute verschrecken zwischen dem Halleschen Tor und dem Böhmischen Dorf. Man muß immer allein und zu vielen sein, mehrere mitziehen, von einem Glauben zum andern. Die neue Religion kommt aus Kreuz-

berg, die Evangelienbärte und die Befehle, die Revolte gegen die subventionierte Agonie. Es müssen alle aus dem gleichen Blechgeschirr essen, eine ganz dünne Berliner Brühe, dazu dunkles Brot, danach wird der schärfste Schnaps befohlen, und immer mehr Schnaps, für die längsten Nächte.«
Ingeborg Bachmann

»Es gibt Berliner Pfannkuchen und Berliner Weiße und seit einiger Zeit auch eine Berliner Republik. Daß im Berliner Pfannkuchen mehr drin ist, als er auf den ersten Biß verspricht – das wissen und schätzen seine Freunde. Bei der Berliner Republik ist das ganz ähnlich, nur daß sie keine Marmelade enthält, sondern die Bundesrepublik: Wo Berlin draufsteht, soll Deutschland drin sein.«
Franziska Augstein

»Man spürt sofort: Das ist eine Republik auf Abruf.
Die Weimarer, die Bonner, die Berliner Republik.
Mal sehen, wie lange das diesmal hält.«
Martin Walser

»Besuch vom Lande
Sie stehen verstört am Potsdamer Platz
Und finden Berlin zu laut.
Die Nacht glüht auf in Kilowatts,
ein Fräulein sagt heiser: ›Komm mit, mein Schatz!‹
Und zeigt entsetzlich viel Haut.
Sie wissen vor Staunen nicht aus und nicht ein.

Sie stehen und wundern sich bloß.
Die Bahnen rasseln. Die Autos schrein.
Sie möchten am liebsten zu Hause sein.
Und finden Berlin zu *groß*.
Es klingt als ob die Großstadt stöhnt,
weil irgendwer sie schilt.
Die Häuser funkeln. Die U-Bahn dröhnt.
Sie sind das alles so gar nicht gewöhnt.
Und finden Berlin zu wild.
Sie machen vor Angst die Beine krumm
Und machen alles verkehrt.
Sie lächeln bestürzt. Und sie warten dumm.
Und stehn auf dem Potsdamer Platz herum,
bis man sie überfährt.«
Erich Kästner

»Das Berliner Wesen in seinen unbequemen Eigenschaften habe ich bei meinem letzten Aufenthalte nicht empfinden können; man hat sich fast überall des Fremden mehr als gastfreundlich angenommen. Gleichwohl ist in der Berliner Luft etwas, was meinem Wesen widersteht und was ich auch bis zu einem gewissen Grade zu erkennen glaube. Es ist, meine ich, das, dass man auch in den gebildeten Kreisen Berlins den Schwerpunkt nicht in die Persönlichkeit, sondern in Rang, Titel, Orden und dergleichen Nippes legt, für deren auch nur verhältnismäßige Würdigung mir, wie wohl den meisten meiner Landsleute, jedes Organ abgeht.«
Theodor Fontane

»Ich liebe Berlin. Das heißt, ich fühle mich in Berlin zu Hause, ich fühle mich in Berlin wohl. Berlin ist für mich ein großes DU. DU, meine Stadt! Ich gehöre hierher, das weiß ich ganz genau. In London war ich zwar auch sehr glücklich, aber das Leben, das ich heute führe, kann ich nur hier führen. Hier habe ich Freunde, Menschen, mit denen mich viel verbindet. Selbst meine Katze gehört für mich zu Berlin (zu ihrer Katze), nicht wahr, Moona. So eine Katze gibt's nirgends, nur hier. Und jetzt läuft sie weg, so ist sie.«
Lotti Huber

»Berlin warf mir ein oder ein Paar Universa in den Kopf. Seit 2 1/3 Wochen siz ich hier, und muß noch die folgende bleiben, weil die Schauspieler (Iffland) meinetwegen den Wallenstein geben.
Ich besuchte keinen Gelehrtenklub, so oft ich auch dazu geladen worden, aber Weiber die Menge. Ich wurde angebetet von den Mädchen, die ich früher angebetet hätte. Himmel! Welche Einfachheit, Offenheit, Bildung und Schönheit!
Die herrliche Königin lud mich brieflich nach Sanssouci, ich aß bei ihr, sie zeigte mir alles um dasselbe pp.
Auch Hardenberg wollte mich in Berlin zu sich haben ...
Der Ton an der Hoftafel war leicht und gut.
Nur in Berlin ist Freiheit und Gesetz, bei Gott!
Bei Alvensleben sprach man so frei wie auf – diesem Blatt.«
Jean Paul

»Berlin – eine Weltstadt

Alles, was Rang und Namen hatte, konnte man in Berlin treffen. Die Stadt war erfüllt von Leben. Fast täglich gab es Premieren, Feste und Einladungen. Einmal wöchentlich trafen sich viele Künstler bei Betty Stern in der Nähe vom Kurfürstendamm. Dort lernte ich auch Elisabeth Bergner und ihren Mann Paul Czinner kennen. Die Bergner wurde in Berlin geliebt und verehrt wie keine zweite Schauspielerin nach Käthe Dorsch. Sie war in der Tat eine Zauberin. Ihre ›Heilige Johanna‹ von Shaw, die sie unter Reinhardts Regie im Deutschen Theater spielte, wird niemand, der sie gesehen hat, je vergessen können.

Ein Vergnügen ganz besonderer Art bereitete mir das Auftreten Josefine Bakers im ›Nelson-Theater‹ am Kurfürstendamm. Dort zeigte sie ihren später so berühmt gewordenen Bananentanz. Stürmisch feierten die Berliner die junge, kaffeebraune Schönheit. Auch die unsterbliche Anna Pawlowa kam nach Berlin. Ich hatte das Glück, sie nicht nur auf der Bühne zu sehen, auf der ich sie als ›Sterbender Schwan‹ erlebte, ich konnte sie, in der ich die größte aller Tänzerinnen sah, auf dem Berliner Presseball auch persönlich kennenlernen. Sie wirkte so zart und zerbrechlich, daß ich kaum wagte, ihre Hand zu berühren.«

Leni Riefenstahl

»Berlin VIII
Schornsteine stehn in großem Zwischenraum
Im Wintertag, und tragen seine Last,
Des schwarzen Himmels dunkelnden Palast.
Wie goldne Stufe brennt sein niedrer Saum.

Fern zwischen kahlen Bäumen, manchem Haus,
Zäunen und Schuppen, wo die Weltstadt ebbt,
Und auf vereisten Schienen mühsam schleppt
Ein langer Güterzug sich schwer hinaus.

Ein Armenkirchhof ragt, schwarz, Stein an Stein,
Die Toten schaun den roten Untergang
Aus ihrem Loch. Er schmeckt wie starker Wein.

Sie sitzen strickend an der Wand entlang,
Mützen aus Ruß dem nackten Schläfenbein,
Zur Marseillaise, dem alten Sturmgesang.«

Georg Heym

»Berliner Ballade
Und als ich in die große Stadt reinfuhr
da sie so schön und breit am Wannsee lag
da tat ich gleich bei meinem Fell den Schwur
daß ich die Wahrheit ihr nach Kräften sag.

Da lagen noch sehr viel Soldaten drin
die gaben Schutz und Macht – der Himmel grau.

Ich aber ging wohl zu der Mauer hin
verzappelte mich schnell im Drahtverhau.

Da kam auch eine kleine Gammlerin
in einem weißen Kopftuch zu mir ran.
Sie fragte ob ich der Villon wohl bin
und nicht so'n heutger mittelmäßger Mann.
Da sagte ich zu ihr:
Nu nimm schon meine Schnauze und probier ...
Und als mir diese Stadt das große Kotzen schuf
da grub ich in sie unerbittlich meinen Huf.
Und als mein Herz vereiste unter ihrem Hauch
verschwieg ich rasch daß ich ein wenig Wärme
brauch.
Und als das Luder mir zuwider war hint und auch
vorn
da schwoll wie'n Fluß im Frühjahr an mein Zorn
daß sich für krudes Geld verkuppelte das Vieh.
Ja unsre Stadt sie tat's
und daß sie's tat
war Schuld daran
daß sie gedieh.

Ihr
die ihr diese Stadt
so nötig habt
wie ich
laßt doch die Präferenzen und die Herrn aus Bonn im
Stich.
Und wenn ihr alle über meine große Schnauze flucht:
Mit Charly Marx

hat's zwischen Warschau und Paris
noch niemand echt versucht.«

Wolfgang Neuss

Als die Riesin in den Spiegel dieses Kapitels schaute,
staunte sie über ihre vielen Gesichter.
Und spürte einen kleinen Stolz.

Die Riesin amüsieren derlei Eitelkeiten des Riesen. Sie weiß: Riese, der Narziß, der sich häufig fühlt wie eine Ameise, wie ein winziger Wurm, konnte sich nur vergrößern im öffentlichen Spiegel, konnte nur im geistigen Dialog ein Riese werden.

VON DER RIESIN UND DEM KLEINEN BÖSEN WOLF R., DER ZUM RIESEN SICH VERWANDELT

Eine Metamorphose.
Ein deutsches Märchen.
Geschrieben in Berlin.
Nacherzählt in Thüringen. Vom Geistesriesen R.
An der Evangelischen Akademie zu Neudietendorf.
Am 3. Oktober 1998.
Dem neuen Tag der neuen deutschen Einheit.

»Man wirft mir vor,
niemand zu lieben
Man sagt mir, ich sei gräßlich,
ich hätte kein Herz
Alle Welt schnauzt mich an,
man hält mich für durchtrieben
Mir ist das egal,
es bereitet mir keinen Schmerz«

»Ich liebe nur mich«, schrieb der Dichter, Filmemacher und Jazztrompeter Boris Vian ironisch und provozierend über dieses Gedicht.
Ich bin sicher, das war im Frankreich der 50er Jahre kein geringerer Skandal als heute der schrille Schrei des Sängers einer deutschen Punk-Band nach Einmaligkeit.
In beiden Fällen besteht der dringende Verdacht, ziemlich mißratene Ausgaben der Spezies Mensch

vor sich zu haben. Der eine liebt sich selber. Der andere will anders sein als die anderen.
Statt ihre Freiheit für Gleichheit und Brüderlichkeit zu nutzen, sind sie Egoisten, Narzißten, Hedonisten, unzuverlässige und gefährliche Individuen, die jeden Tag beginnen und leben, als wäre es der letzte.
Die, wie besessen, in einer einzigen Nacht die Ewigkeit aus dem Himmel reißen wollen: ekstatische Musik, tiefe Stille, jedes mögliche Glück.
Boris Vian hatte eine Krankheit zum Tode.
Er wußte: Ihm blieb wenig Zeit.
Er starb mit 39 – wie Che Guevara und Rudi Dutschke.
Heute scheint die gesamte Erde von einer Krankheit zum Tode befallen.
Und immer mehr glauben: Sie haben nicht mehr viel Zeit.
Doch auch ohne Kriege, Katastrophen, atomare Bedrohung und Naturzerstörung befürchten manche, keine Zukunft und kaum eine Chance zu haben: als Einzelne, Unverwechselbare, Besondere im übermächtigen *All-gemeinen*, im Kollektiv.
So rennen sie mit trotzigem Stolz, rebellisch und gierig, um ihr Leben vor dem Tod und nach ein wenig Lust in der Öde und Kälte der Städte.

Kann es Brüderlichkeit geben auf der Titanic?
Bleibt da Zeit für die andern, wo so wenig Zeit ist?
Oder können die nur Hindernis und Hölle sein?
Muß nicht einer über den andern trampeln, um, vielleicht, zu überleben?

Gab es Schwesterlichkeit in Rom?
Müssen die Spiele, auch zwischen Frauen und Männern, nicht notwendig tödliche sein?
Wer frißt wen?
Und wer darf in die Arche?
Sind mit einigen Hoffnungen der späten Sechziger Ethik und Moral zerfallen?
Drohen Zynismus und kalte Schulter?

Kommt also *das Tier* zurück?
Auch der Bauernkalender spricht vom vorletzten Papst.
In solchen End-Spiel-Zeiten der Gattung über sich selbst zu reden, über Sehnsüchte, Enttäuschungen und Träume, gilt in gewissen, von Vernunft und Weltgeschichte stets bestinformierten Kreisen als provokative, schamlose Ego-Manie.
Als eine also, die sich nicht wenigstens verbirgt mit ihren Obsessionen und Zweifeln, Lüsten und Phantasien, sondern es öffentlich treibt wie die Hunde auf der Straße: zynisch. Und in seltsamer Allianz mit manchen Angestellten der Staatsmacht klagen sie die Sünder an.
Gleich gnadenlos verfolgen beide den Un-Gleichen, den Einzelgänger.
Im Namen des Glücks der Menschheit bekommt der Mensch, der Spuren von Glück sucht, etwas auf das narzißtische Maul. Materiell und intellektuell.
Manchmal bewußt, zuweilen gnadenlos.
Der Verbrechen sind viele: Pessimismus, Selbstsucht, Apokalypsismus, Individualismus, Lumpenintellek-

tualismus, prinzipieller Skeptizismus, Genuß-Sucht, Anarchismus, Karrierismus, Nihilismus.
Und die schlimmsten Verbrecher sind die 68er Linksintellektuellen a.D., diese gutsituierten Lamentierer und Werbetrommler zeitgenössischer Untergangsstimmungen. Sie sind die Totengräber der vernünftigen Menschheit, der Aufklärung, ihrer eigenen Vergangenheit.

Soweit die Anklageschrift einiger letzter Heiliger der Revolte von 1968.
An mir ist es nicht, die Wölfe zu verteidigen.
Das kann ein Hans Magnus Enzensberger selbst und brillanter.
Ich bin keiner von *achtundsechzig*.
Da habe ich noch die Metamorphosen des Ovid, nicht Marx-Latein gelesen.
Ich hatte das Unglück und das Glück, zwischen die Großen Zeiten zu geraten.
Der Zorn der Savonarolas trifft mich nicht und nicht ihre Verachtung.
Mich trifft ihre Nächsten-Liebe. Auch die kann schmerzen. Ich zahle nicht zu den Verrätern der Ideale der späten 60er.
Ich bin einer von den 70ern, 80ern, 90ern, denen diese ewigen Propheten ihre ewigen Wahrheiten verkünden wollen – altruistisch und brüderlich.

Ja, das ist sie noch, die alte Sprache, das ist er noch, der alte Schwung von 68: das Jakobinische, das gnadenlose Glücksbringen.

Ich kenne diesen brüderlichen Ton.
Er reißt Verdrängung und Vergessen auf.
Bilder kommen und Erinnerungen.

VARIATIONEN ÜBER GLEICHE UND UNGLEICHE, ZYNISCHE UND BRÜDERLICHE

Eine Selbstanzeige des Riesen

1

Ich habe gelogen.
Ich bin doch ein Verräter.
Bevor ihr dahinterkommt, zeige ich mich selber an.
Ich bin voll geständig und bitte um Gnade für einen Zyniker.
Freiheit Gleichheit Brüderlichkeit
Ich war nicht brüderlich. Ich war feige für eine Zeit.
Goethe und die Bibel, Kafka und Schopenhauer habe ich unter der Bettdecke gelesen.
Und andere Blumen des Bösen.
Mit der Taschenlampe.
Manchmal schliefen die Genossen nicht tief.
Damals im Studentenheim in Zehlendorf.
Einer hätte das Licht sehen können.
Und als sie den Un-Bewußten, Hühnerköpfe genannt, durch gewaltsames Ausdrehen amerikanischer Sender und Auskippen aller gefundenen Coca-Colas bedeuteten, es sei noch Krieg in Vietnam, habe ich geschwiegen.

2

Ich gestehe:
Nur knapp entging ich dem Proletariat.
Im letzten Augenblick fand ich das rettende Gegenzitat:
»Die Befreiung der Arbeiterklasse kann nur das Werk der Arbeiterklasse selber sein.«
Was willst du hier? hatte mich *der Genosse Studentenführer* gefragt. Die Philosophie ist tot, so tot wie die bürgerliche Literatur.
Suche dir ein Studium, das politisch nützt!
Oder gehe zum Volk in die Fabriken!
Verrate deine Klasse, wirf hin dein Privileg, werde *gleich*, werde *Bruder*!
Er selbst könne leider nicht mitkommen zu den handarbeitenden Brüdern, man kenne ihn überall in Berlin.
Wir fanden den Kompromiß: Ich habe kein Gedicht mehr geschrieben und ein Jahr lang Chinesisch gelernt.

3

Ein stinkender Kadaver ist alles Philosophieren, laßt uns ihn und sein staatliches Haus in Dahlem verbrennen!
Sagten voller Ekel meine militanten Roten Brüder.
Wir waren *egalitär*, haßten Hierarchie und Konkurrenz der kapitalistischen Außenwelt.
Und zerrten um privilegierte Posten und Macht am Institut für Filosofie.
Das haben viele erlebt: das eloquente Geschwätz von

Solidarität und die heimliche, intrigante Konkurrenz, das verschwiegene Weiterkratzen einer Dissertation. Das gehässige Reden über die berühmte liberale Professorin und das devote Gespräch mit ihr in der Dämmerung.
Das verstohlene Durchbrechen des lähmenden Schwurs der *Freien Gleichen Brüderlichen.*

4

Ich wage es kaum auszusprechen:
Ein Daimon wurde mir Bruder gegen die Brüder:
Friedrich Nietzsche, Zarathustra hat mir geholfen bei materialistischem Entziffern fiktiver Gleichheit.
Und die da so eilig *Mode, Irrationalismus,* gar *Faschismus* raunen, wenn es noch Menschen gibt, die *rätselhaft und tief* sein wollen, verdrängen oder wissen nicht zweierlei:
Die versuchte totale Verstaatlichung des Individuums im historischen Faschismus, die Vergesellschaftung seiner Geheimnisse und Einzigartigkeit in den *Volksgenossen.*
Und die Gemeinsamkeiten von Marx und Nietzsche im Durchschauen der Idealismen nicht nur des 19. Jahrhunderts.
Nur hat Nietzsche sich auch selbst durchschaut.
Was er erkannte, auch auf sich, das erkennende empirische Subjekt bezogen.
Und da glaubte, hoffte, wußte er: Ich bin Nietzsche, ich bin ein Auserwählter, ich will Weltruhm, ich bin der größte Philosoph und ähnlich sympathisch Größenwahnsinniges.

Narzißtische Ekstase kann kathartisch sein, vor Verführbarkeit zu realer Macht und Brutalität bewahren. Die individual-wölfische Phantasie, die sich als tierische, *Nichtbrüderliche* zuläßt und weiß und, zum Beispiel, Musik und Malerei und Literatur wird (zu diesem Essai etwa), fürchte ich weniger als die verdrängte des sich *brüderlich*, zivilisiert, vernünftig wähnenden Staats-Wolfs, die durch den Hintereingang zu Todesstrafe, politischer Terrorherrschaft und Krieg wird wie in allzu vielen Ländern dieser Erde.

Friedrich Nietzsche jedenfalls hat seinen Größenwahn durchschaut, Karl Marx hingegen ihn recht oft in ontologische Figuren – eine Klasse, ein geschichtliches Pseudosubjekt – geworfen.

5

Sagt mir einer:
Gestern sah ich einen, der sah aus wie du, werde ich, wie Keuner, bleich.
Einst dachten wir, der Kommunismus mache endlich alle gleich, und freuten uns darauf oder taten so.
Dann entdeckten wir, nicht zuletzt dank Pier Paolo Pasolini, daß der Kapitalismus das schon besorgt.
Die heutige junge Szene hat beides in sich: den freien Denker, der Gleichheit langweilig und persönliche wie politische Vielfalt faszinierend findet.
Und den alternativen Staatsanwalt, für den *Brüderlichkeit* noch mit banaler *Gleichheit* verknüpft ist.
Und der mich, trage ich nicht wenigstens eine der Gegen-Uniformen, feindselig mustert und ausgrenzt:

wie mancher im Fernsehstudio oder im Rathaus, trage ich nicht wenigstens eine der politisch korrekten Uniformen.

6

Gleiche können nur harmonische Lähmung teilen.
Leben, Aufbrechen, Leidenschaft kommen aus der Differenz.
Freudlose können keine Freude verschenken.
Unglückliche kein Glück.
Analphabeten kein Buch.
Habe ich nichts, kann ich dem *Bruder*, der weniger hat, nur *Nichts* geben.
Ich sage das gegen die Scham und den Selbsthaß mancher Privilegierter, Intellektueller zum Beispiel.
Und ich sitze mit Marcel Proust und Jean Paul gerne im *Café Einstein* an einem grauen Berliner Sonntagnachmittag, obschon ich weiß und weil ich weiß, daß das nicht *alle* können.

7

Für *Brüderlichkeit*
will ich mich entscheiden dürfen. Gerade auch im wiedervereinigten Deutschland.
Die Brüder und Schwestern suche ich mir selber aus.
»Seid umschlungen Millionen!«, das bleibt mir im Halse stecken.
Es kostet nichts.
Und meine Arme sind zu kurz.
Ich *muß* wählen und wählen muß *ich*.
Dem armen G. bleibt keine Wahl, wenn seine Freun-

din den anderen Schrat, der nicht nur seine Zunge in sie steckt, mit in die Wohngemeinschaft bringt.
Freigleichbrüderlich muß er seinem Gegen-Wolf Jasmintee kochen.
Und die unfreiwillige ménage à trois, möglichst ohne Eifersucht natürlich, »bequatschen«.
Nächstenliebe als Selbstzerstörung?
Selbstbefreiung als verkehrte Herrschaft?
Mag sein, es geht nicht anders für eine Zeit.
Mein Spiel ist es nicht.
Erotik teile, Brutus umarme und küsse ich nicht.
Und nicht die goldene Hand des neuen Gottes, des 68er Therapeuten, bei dem man *fromm* nach einigen Kännchen Jasminblütentees sich wiedersieht.

EPILOG
Brüderlichkeit auf der Titanic?
Schwesterlichkeit in Rom?
Endlich mehr Fragen als Antworten!
Die Kunst der Stunde scheint eine uralte.
Schon Schopenhauer wußte:
Ich bin eine Mehrheit, bin das Zentrum der Welt – aber:
Die anderen sind nicht Peripherie!
Mir machen die Selbst-Losen angst.
Wenn überhaupt noch jemand, werden die Selbst-Süchtigen die Gattung vom Suizid abhalten.
Sie sind so egoistisch, sie nehmen sich so ernst, daß sie leben wollen.
Vielleicht kommt aus den Luxus-Kabinen des Erdenschiffs die rettende Idee.

Vielleicht, ja vermutlich kommt sie dem, der sich ein wenig Ruhe nahm, vor sich hinträumte, die Märchen und die alten Pergamente dechiffrierte, mitten im Getöse des politischen Alltags.
Wenn, dann wird es eine *Brüderlichkeit* geben, die skeptisch ist, die weder bevormundet noch sich unterwirft.
Auf Lessings Grab steht: Niemandes Herr und Knecht.
Wenn, dann wird es eine *Brüderlichkeit* geben, die nicht in der Zeitung steht, eine, die sich selbst mißtraut.
Wenn es eine *Neue Brüderlichkeit* gibt, wird es eine sein, die Individuen sucht, nicht »Potential« (und keinen Deserteur).
Es wird eine sein, die *Ungleiche* duldet und Müde und Abweichler.
Es wird die des kleinen bösen Wolfs sein, nicht die seines Vaters.
Es wird eine sein, die andere lieben kann, weil sie sich selber liebt, so steht es schon im Neuen Testament.
Es wird eine *Brüderlichkeit* sein, die ihre Ungleichzeitigkeit als Chance sieht und nicht als Schande.
Es wird die der Vians sein.
»Er war ein zärtlicher Mensch«, erzählt ein Kenner von Person und Werk des Narzißten Boris Vian, »ein Freund der Schwachen und der ›Neger‹ aller Länder. Er haßte Krieg und Gewalt.«

Und der erwähnte Punk-Band-Sänger sang im Berliner Tempodrom: aus Narzißmus, vielleicht für Geld – und ein wenig auch aus *Brüderlichkeit.*

Mehrere Musiker spielten *Rock against Junk*, gegen Heroin, den düsteren weißen Tod.
Mehr ist wohl nicht zu haben.
Ich finde das viel, in dieser Stadt, in diesem Land, in dieser verwundeten Welt.

Aus R.s Tagebuch

1. Januar 1983
Spaziergang mit Hilde Rubinstein, der Schriftstellerin und Malerin, die im vorigen Jahr, sich sehnend nach Berlin und ihrer Muttersprache, aus schwedischer Emigration nach Deutschland zurückgekehrt ist.
Ich lernte sie über Hanns Werner Schwarze kennen, PEN-Generalsekretär und Berliner Studioleiter des Zweiten Deutschen Fernsehens.
Eine kluge, filigrane, angenehme Frau, ein wenig dogmatisch in politischen Dingen. Sie nennt sich seltsam stolz eine Kommunistin, wenn schon eher im Sinne eines freiheitlichen Sozialismus, wie er 1968 in Prag und anderswo versucht wurde.
Doch habe ich, der Anfang der siebziger Jahre, auf der Suche nach Lebenssinn und Welterklärung, den Verführungskünsten einiger marxistischer Philosophen erlag, auch nur das geringste Recht, Hilde Rubinstein, der deutschen Jüdin, ideologisches, falsches Bewußtsein vorzuwerfen – angesichts ihres dramatischen Schicksals.
Hilde, die mich Minotaurus nennt, wurde 1904 in

Augsburg geboren, wuchs in Hannover und Köln auf.
Sie studierte Kunst und Malerei in Köln, Düsseldorf, Weimar und Paris.
Ihre Bilder, Zeichnungen und Graphiken erschienen in etlichen Zeitschriften, auch literarischen.
Zu schreiben begann sie Mitte der zwanziger Jahre. 1929 kam Hilde Rubinstein nach Berlin, war mit Theaterstücken erfolgreich. Die Nationalsozialisten zerstörten bald die junge Karriere. Hilde R. wurde 1934 wegen politischer Aktivitäten in der KPD zu eineinhalb Jahren Gefängnis verurteilt.

16. Januar 1983
Peter Schneider zu einem Essen in die Kösener Straße in Schmargendorf eingeladen. Von unserem Fenster ist der wunderschöne Backsteinbau des Rathauses zu sehen.
Ich erzähle Peter, unsere spannendsten Themen sind natürlich Frauen, Liebe, sexuelle Ausschweifung, Ehe, Treue, Vaterschaft etcetera, etcetera, in diesem herrlichen Rathaus würde Klaus Bölling sich alle paar Jahre trauen lassen, stets aufs neue sein Glück in einer richtigen Ehe suchen, nicht in einer wilden wie er, Peter, und ich.
Beim Dessert rufen Kathi Thalbach und Thomas Brasch aus Zürich an, wo sie gemeinsam ein Stück von Shakespeare am Zürcher Schauspielhaus erarbeiten.
Nach der verweigerten Rückkehr Wolf Biermanns in seine Wahlheimat DDR waren die beiden, damals

erotisch und künstlerisch ein Paar, von Ostberlin ins westliche Berlin gekommen und hatten einige Monate bei mir, genauer: in meiner Wohngemeinschaft unweit des Grunewaldsees, in der auch Rudi Dutschke häufig Gast war, gelebt und sich wohl und geborgen gefühlt.
Vor sechs Jahren, als im Berliner Rotbuch Verlag Thomas Braschs *Vor den Vätern sterben die Söhne* erschien, widmete er mir sein erstes Westwerk mit den Worten:
»Für R. mit vielen Grüßen und Dank für die erste menschliche Unterkunft in Westberlin«

In Zürich haben sie große Freude am gemeinsamen Werk, ihre Sehnsucht nach dem hektischen Berlin und den tausend Leuten, die sie dort, also hier, kennen, hält sich offenbar in Grenzen. Thomas: »Das soll nicht heißen, daß ich dich oder ein, zwei andere nicht vermisse hier in Zürich, aber ich merke, wie wenig Menschen ich eigentlich wirklich brauche.«

12. April 1983
Thomas Brasch ruft aus Zürich an, gratuliert zur glücklichen Geburt unseres Sohnes Robert. Er sei da ganz sentimental. (Er hat einen Sohn mit der Sängerin Bettina Wegner, die mit dem Schriftsteller Klaus Schlesinger zusammenlebt, der auch mit Sanda Weigels Bruder befreundet ist, dem Vater der Tochter Katharina Thalbachs, der wunderschönen kleinen Anna.)

Ein gutes langes Gespräch, auch über Genie-Theorien, teils in unserem ironisch-zynischen Ton. Thomas rät mir, sollte ich wollen, daß der Sohn ein Genie, ein Berühmter wird, ihn sofort einige Tage lang nackt in einen Kleiderschrank zu hängen, Kopf nach unten. Auch Sigmund Freud habe gelehrt, frühe große Leiderfahrung führe, komme einiges Talent hinzu, zu großer Literatur und Kunst.
Ich werde Robert, eine literarische Figur von Thomas Brasch heißt so, zudem liebe ich Robert Walser und Robert Kennedy, nicht dem Götzen Ruhm opfern, sondern in der Wiege lassen.

Wir verabreden uns zu einem Schriftstellertreffen am 21. April in der Akademie der Künste am Hanseatenweg.
Im Getümmel der Berlinale hatten wir uns nur flüchtig gesehen.

Aus R.s Tagebuch

21. April 1983
Geburtstagsfeier bei Peter Schneider.
Exklusiver Kreis, etwa zwölf Gäste: Grass, Theobaldy, Aras Ören, H. C. Buch, Schädlich, Volker Schlöndorff, Thomas Brasch, Angela Winkler, F. C. Delius, Jurek Becker, Otto Sander.
Ziemlich spät gekommen, gegen 21 Uhr 30, hatte ich leider einen sehr harten Dialog zwischen Grass und Schädlich verpaßt. Thema des Streits: die turbulente

Vorgeschichte des gesamtdeutschen Schriftstellertreffens zum Weltfrieden in der Westberliner Akademie der Künste: Sarah Kirsch, Günter Kunert, Reiner Kunze, Hans Joachim Schädlich und andere hatten öffentlich die Frage gestellt, ob auch Schriftsteller wie Hermann Kant, die dem Unterdrückungssystem der DDR so offensichtlich verhaftet seien, zum Gespräch über den Frieden eingeladen werden sollten. Grass und andere hatten dies entschieden bejaht.
Ja, der Weltfrieden. Ich flirte derweil mit einer blutjungen schönen Perserin, bis ich mitbekomme: Sie ist Peter Schneiders derzeitige Geliebte. Und Peter hatte mich so freundschaftlich vorgestellt, mich stolz ein wenig erhöhend: Das ist der R.!! Schäme dich, R. – als junger Vater mit der Freundin des Freundes zu schäkern: noch dazu an seinem Geburtstag!

23. April 1983
In aller Herrgottsfrühe zur Akademie:
»Zweite Berliner Begegnung: Den Frieden erklären« (die erste Begegnung hatte am 13./14. Dezember 1981 in Ostberlin stattgefunden auf Einladung Stephan Hermlins).
Nur 39 Schriftsteller aus Ost und West da, über 20 Absagen.
Politische Phrasen, larmoyante moralische Appelle, selten Analytisches, Kluges; »große Worte«, oft geprägt von persönlichen, ideologischen oder Ost-West-Rivalitäten.
Nach einleitenden Worten von Walter Höllerer Diskussionsbeiträge, u.a. von Stephan Hermlin, Günter

Grass, Eva Demski, Hans Werner Richter, Karl Mickel und Peter Schneider. Unterschiedlich aufregend.
Eine gewisse Aufregung entstand (anders: einige Zuhörer wachten auf), als Günter Grass ein Redeverbot erteilte: Fritz J. Raddatz hatte sich mit einem Zettel bei Peter Härtling gemeldet und um das Wort gebeten.
Grass war dagegen. In dieser edlen Runde für den Frieden war Herr Raddatz ein ganz gewöhnlicher Journalist und kein Dichter.

Ein Dichter schwieg freiwillig und vielsagend an diesen beiden Tagen in der Akademie: Uwe Johnson.

Anmerkung im Jahr 2000:
Ich sah Uwe Johnson nie wieder.
Von Berlin aus fuhr er schweigend zurück in sein Haus im englischen Sheerness-on-Sea, schrieb seine *Jahrestage* zu Ende und trank sich zu Tode.

25. April 1983
Nachtlektüre: Günter Kunerts *Mein Lesebuch* und Franz Kafkas *Tagebücher*.
Warum schreibe ich wie ein Jude?
Weil ich ein Jude war in Bayern.
Weil ich ein Jude bin in dieser Stadt.

28. April 1983
Am Abend Thomas Brasch im *Ciao* an der Schaubühne am Kurfürstendamm.

Dann in Peter Schneiders Wohnung »Dichter«-Skat gespielt. Hohe Einsätze. Wir, die Möchtegern-Dostojewskis, sind immerhin besessene Spieler. In jeder Hinsicht. Ob auch Dostojewski Kokain schnupfte, um die Nächte durchspielen zu können? Beim Mischen und Austeilen der Karten und zwischendurch: Gespräche über Schriftstellerexistenzen, Heiner Müller, Frauen.
Ich erzähle, wie unser aller Freund Rudi Dutschke eines Tages, es muß in den frühen siebziger Jahren gewesen sein, verstört aus Ostberlin zurückgekehrt sei.
Der stets vor allem das politische Gespräch Suchende, gerade in seiner östlichen Herkunftslandschaft (mit Biermann, Havemann, Brasch u.a.), hatte es sich einmal gegönnt, in Ostberlin ein Dichter- und Künstlerfest zu besuchen.
Als Rudi durch die Räume der riesigen Wohnung streifte, sah er, für ihn, den scheuen Protestanten, unfaßbar, Heiner Müller, der es lautstark auf dem Fußboden mit einer jungen Frau aus dem Westen trieb.
So hatte sich unser Rudi die Wiedervereinigung dann doch nicht vorgestellt.

29. April
Thomas (Brasch) spielt wahnsinnig laut, es ist 3 Uhr nachts (Künstler dürfen das), mir einige seiner Gedichte vor, die Kunert, einer der legendären RENFT-Musiker, vertont habe. In sich versunken, summt er seine Texte mit, endlich einmal ohne die Maske des

harten kalten Mannes, des Zynikers, die er so gerne trägt, den Mythos BRASCH bewußt mitproduzierend. Dieses Gesicht, hochsensibel, hochintelligent, tieftraurig, rührt mich an.
Oder ist auch das ein Spiel?
Weiß er selbst noch, wer er eigentlich, wesentlich, ist?
Brasch dreht bald wieder einen Spielfilm.
Katharina Thalbach ist natürlich wieder dabei.
Die anderen Rollen besetzt er gerade.
Obwohl er weiß, wie gerne ich, Narziß, der ich bin, wenigstens am Rande mitspielen würde in einem seiner Filme, seit ich eine kleine Rolle in Romy Schneiders letztem Film hatte.
»Die Spaziergängerin von Sanssouci« hatte damals, zumindest erschien es mir nach ihrem bis heute rätselhaften Tod so, schon die Sehnsucht nach dem Drüben in den Augen, nachdem wenige Wochen vor den Dreharbeiten in Paris und Berlin ihre wahre große Liebe, ihr Sohn, tragisch-tödlich verunglückt war. Obwohl Brasch also weiß, wie es mich beglückte, an der Seite Kathi Thalbachs zu spielen, wird er mir wohl auch in seinem neuen Film keine Chance geben.
Obwohl er es weiß? Weil er es weiß.
Übrigens: Wenn der berühmte Luc Bondy (stille Wasser und stille Schweizer sind tief) als Regisseur für einen Spielfilm oder ein Theaterstück Rollen besetzt, fickt er, bevor er sich schließlich für eine entscheidet, jedes Mal mindestens zehn Schauspielerinnen.

In der nächsten Skatnacht werde ich Luc Bondy fragen, ob er beim Casting nicht Hilfe braucht.

DEN GLATTEN LEIB HAT SIE IHM
HINGESCHOBEN
wie eine Hündin ihrem Herrn sich schiebt unter die
Hand.
Sie hat sich unterworfen ihm in kalten Laken,
daß er ein Ausbeuter geworden ist
und eine Stadt der Ausbeutung das Bett.

Mit scharfer Stimme hat sie Mehr geschrien,
wie es der Treiber schreit zu seinen Sklaven.
Er hat sich unterworfen ihr zwischen den Kissen,
daß sie ein Ausbeuter geworden ist
und eine Stadt der Ausbeutung das Bett.

Und müde lagen drin zwei arme Diebe
mit der falschen Beute,
betrogene Betrüger nach dem Kampf
um eine Niederlage
(Thomas Brasch)

Anmerkung im Jahr 2000:
Rudi Dutschke formulierte diese Wahrheit, diese Botschaft einen Hauch weniger poetisch: Schwanzkampf ist nicht Klassenkampf, Mieri, flüsterte er mir bei seinem letzten Besuch in Berlin zu, als ich mit einem dunkellockigen Mädchen dem Revolutionär in der Wohnküche begegnete.

Ich konnte nicht ahnen, Rudi Dutschke war Mitte Dezember 1979 erst 39 Jahre alt, daß dieser philosophische Satz (oder ist es ein politischer?) gleichsam zu seinem Vermächtnis für mich wurde.
Rudi Dutschke ertrank wenige Tage darauf in der Badewanne seiner Wohnung im dänischen Århus.

Aus R.s Tagebuch
19. Dezember 1990

Übertragung einer UNICEF-Veranstaltung auf dem Kulturkanal 3sat. Peter Ustinov als UNICEF-Botschafter.
Ein kleiner Film von mir über das wiedervereinigte Berlin wird gezeigt: vom Mauerbau bis zum Mauerfall, die Freude, das Glück, die Emphase der Menschen am Brandenburger Tor.

Peter Ustinov, genial in jeder Rolle, spricht den Text meiner filmischen Miniatur live auf die eingespielten Bilder.
Hochprofessionell wie er ist, der die Stadt nach dem Herbst 1989 nicht mehr gesehen hat, will er ganz sinnlich die Ost- und Westberliner Stätten, an denen, endlich einmal auf glückliche Weise, 1989 und 1990 der Atem der Geschichte wehte, auf sich wirken lassen.
Fast zwei Stunden fahren wir gemeinsam durch ein neues, freies Berlin, dessen Gesicht noch von Wunden und Narben gezeichnet ist: am frühen Morgen

durch das Brandenburger Tor mit Schadows Quadriga – DAS Symbol der deutschen Teilung, ja deutscher Geschichte überhaupt.
Vorbei am Reichstag, den Peter Ustinov, wie er erzählt, als Zwölfjähriger brennen sah.
Noch einmal unter der Siegesgöttin Victoria hindurch, vom vierspännigen Wagen gezogen, dieses Mal in östlicher Richtung – welch großes, großartiges Gefühl!
Unter den Linden entlang, Humboldt-Universität, Rotes Rathaus, die Spree, Graffiti an Mauerresten, die Oberbaumbrücke, Ort oft tödlicher Fluchten aus dem Reich der Unfreiheit.
Wir streifen noch das Luftbrückendenkmal, dann ist es hohe Zeit, das Tempelhofer Studio des Zweiten Deutschen Fernsehens anzusteuern: Richard von Weizsäcker, der Bundespräsident, und Studioleiter Gustav Trampe warten auf uns – und hoffentlich viele Zuschauer.

DES RIESEN BERICHT AN EINE AKADEMIE
7. Februar 1998

Sehr verehrte Damen und Herren, es ist nun 9 Uhr 7, für einen Berliner Intellektuellen somit noch tiefste Nacht.
Ich jedoch, offenbar kein typischer Berliner Intellektueller, bin hellwach, aufgestanden an diesem Siebten des Monats um 7 Uhr 7 und ein wenig Hermann Hesse gelesen.

Die sakrale Sieben, Sie ahnen es, soll dem Zahlenmystiker Miermeister Glück bringen, zunächst beim folgenden Vortrag. Da ich doch etliche unausgeschlafene Gesichter entdecke, natürlich gibt es nicht nur in Berlin Intellektuelle, auch wenn nicht wenige Berliner Geistesriesen sich dies einbilden, will ich Sie beruhigen: Mein Redetext umfaßt nur sieben Seiten.
Zudem ist essentieller Bestandteil meines Vortrages eine kleine filmische Collage über die Helden dieser Veranstaltung, Ernst Bloch und Rudi Dutschke, eingeleitet von Mick Jaggers:

»I can't get no satisfaction!!!«

Sehr verehrte Damen und Herren, diese Akademie (bitte erwarten Sie von mir nichts Kafkaeskes), die Evangelische Akademie zu Bad Boll war für mich bis gestern nachmittag ein geheimnisvoller, in der Phantasie überhöhter, nahezu mythologischer, um nicht zu sagen: mystischer Ort.
In diesem fernen Bad Boll – von Berlin und meiner fränkischen Heimat aus gesehen – sind sich zwei Männer zum ersten Mal persönlich begegnet, die inzwischen mit Fug und Recht als wichtige Gestalten der jüngeren deutschen Geschichte zu bezeichnen sind.

Der Vortragende will und kann nicht verschweigen, daß Bloch und Dutschke – bei aller Distanz und Kritik, die beim Schreiben und Sprechen über deutsche Helden und Heldenmythen angemessen und sinnvoll erscheint –, daß der rebellierende Philosoph und der philosophierende Rebell für ihn selbst in gewisser Weise Heroen waren und sind, die sein Leben und Werk – und sei es überwiegend ex negativo – beeinflußt haben.

So sei der Vortrag ein streng subjektiver, nicht die wissenschaftliche Analyse einer Freundschaft, vielmehr fröhliche Wissenschaft im Sinne Friedrich Nietzsches: eher berichtend, erzählend, was mir Texte und Briefe erzählt haben – und Teilnehmer und Zeugen dieser treuen Freundschaft selbst: Rudi Dutschke, Karola Bloch und Jan Robert Bloch.

Ich darf es folgendermaßen formulieren: Daß diese legendäre Freundschaft hier in dieser auch architektonisch großartigen Akademie begann, an geistig-geistlichem Ort, im christlichen Raum – nein: So etwas ist kein Zufall. Da stimmten mir der, mindestens in manchen Lebensphasen, jüdische Mystiker Bloch und der protestantische Christ Dutschke gewiß zu.
Das Thema der Akademietagung vor genau dreißig Jahren hieß, wie wir alle wohl wissen, »Novus ordo saeculorum oder Das Problem der Revolution in Deutschland«.
Dieses Problem, diese – mindestens aus heutiger Sicht – absurde Frage bzw. Bejahung der Möglichkeit einer Revolution im demokratischen Teil des zerrissenen Deutschland hatte ganz militant der Berufsrevolutionär Rudi Dutschke auf die Tagesordnung gesetzt – deshalb ist er im Februar 1968 nach Bad Boll

eingeladen – und Ernst Bloch als revolutionärer Denker, als Philosoph der Hoffnung und Utopie.
Rudi Dutschke ist in diesen Monaten, seit der Eskalation der Konflikte nach dem Tod von Benno Ohnesorg in Berlin, der Star oder Anti-Star in Deutschland: berühmt-berüchtigt, auf dem Höhepunkt der öffentlichen Aufmerksamkeit, auf dem Gipfel seines Sendungsbewußtseins, seines Selbstverständnisses als Führer und Revolutionär.
Er ist ein Charismatiker, fühlt sich auserwählt als ein Prophet der neuen Zeit, einer besseren, gerechteren Welt, ja, ein wenig wohl als der weltliche, verkehrte Jesus selbst – Helmut Gollwitzer hat mich auf die seltsame Magie, vielleicht Mystik der Zahlen und Daten von Jesus und Rudi Dutschke aufmerksam gemacht: Weihnachten, 24. Dezember: Jesus geboren, Rudi gestorben (absurder übrigens als Jesus am Kreuz!); Karfreitag: Jesus gestorben, Attentat auf Rudi am Gründonnerstag, beide Revolutionäre wurden nur etwa vierzig Jahre alt, beide kamen aus dem sogenannten Volk, vom Lande, aus bäuerlichem Milieu, beiden wurde die Stadt – Jerusalem/Berlin – zum Verhängnis, beide kannten die alten Schriften, waren charismatische Redner, beide scharten Gefährten um sich (Frauen waren nicht dabei), beide hatten in den schönsten und schwersten Stunden stets ihre Lieblingsjünger zur Seite (Johannes/Gaston Salvatore), beide waren sich ihrer Mission und Rolle als HERR, FÜHRER, MEISTER hoch bewußt.
Genug, strapazieren wir nicht die Parallelen, stilisieren wir Rudi Dutschke nicht zum 68er Messias, Halb-

gott oder Heiligen. Ulrich Chaussy und Bernd Rabehl haben, wennschon nicht radikal genug, zumindest die politischen Überhöhungen, Mythisierungen und Heiligsprechungen in der Biographie der Dutschke-Witwe zu Recht kritisiert.

Doch wahr ist: In jener Zeit vor dreißig Jahren verstand sich Dutschke als Bruder von Jesus von Nazareth, Befreier der Erniedrigten und Beleidigten, mit Dostojewski und Bloch zu sprechen. Wollte er nicht auch, auf neue Weise, die Menschheit, die ganze Welt erlösen? In jenen Tagen des Entwurfs einer neuen Welt, als er seinen Genossen und Genossinnen, so sein eigener Ausdruck für die Mitstreiter, ob seiner Unschuld, Keuschheit und seines strengen asketischen Ernstes unheimlich und faszinierend zugleich ist, vertraut er dem Tagebuch an:
»In diesen Stunden verschied keuchend im Morgenlande der Welt größter Revolutionär – Jesus Christus. Die nichtwissende Konterrevolution schlug ihn ans Kreuz. Christus zeigt allen Menschen einen Weg zum Selbst. Diese Gewinnung der inneren Freiheit ist für mich allerdings nicht zu trennen von der Gewinnung eines Höchstmaßes an äußerer Freiheit, die gleichermaßen und vielleicht noch mehr erkämpft sein will. Den Ausspruch Jesu: ›Mein Reich ist nicht von dieser Welt‹ kann ich nur immanent verstehen. Natürlich, die Welt, in der Jesus wirklich lebte und arbeitete, war noch nicht die neue Wirklichkeit. Diese galt und gilt es noch zu schaffen, eine Hic-et-nunc-Aufgabe der Menschheit.«

Ich bin überzeugt: Hier steckt die tiefste Wurzel für Dutschkes Traum und Entwurf einer neuen, konkret-utopischen Wirklichkeit. Der alte Messias hat für ihn nur halbe Arbeit geleistet, ein neuer, ganz weltlicher, militanter Messias muß das Erlösungs-Werk vollenden: er, Rudi Dutschke. So hatte einst auch Ernst Bloch gedacht – als er so alt wie Rudi Dutschke war.
Magie der Zahl: Exakt 27 war Ernst Bloch, als sein Freund Georg Lukács ihn im Hause des berühmten Soziologen Max Weber einführte, dessen Frau Marianne nach dem Besuch ironisch notierte: »Gerade war ein neuer jüdischer Philosoph da – ein Jüngling mit enormer schwarzer Haartolle und ebenso enormem Selbstbewußtsein. Er hielt sich offenbar für den Vorläufer eines neuen Messias und wünschte, daß man ihn als solchen erkannte.«
Nicht nur eine ähnliche schwarze Haartolle, vor allem einen vertrauten, mir sympathischen Nietzscheschen Größenwahn, den eigenen nämlich von einst, erkennt Ernst Bloch nun in Bad Boll bei Rudi Dutschke: ein notwendiges großes Bewußtsein von sich selbst, einen noch uneingelösten Entwurf von sich als Genie, wie ihn alle Großen kennen und brauchen: Wie hatte es Franz Schubert von sich gesagt? »Wenn ich nicht daran glaube, daß ich ein Adler und kein Zeisig bin, kann ich kein Adler werden!« (armer Zeisig).
Ähnlich übrigens formuliert es Ernst Bloch für Beethoven – und sich selbst: in den *Spuren*.
Und neben solcher Verwandtschaft sieht Ernst Bloch bei Dutschke auch den starken Willen zu neuem,

radikalem Denken – und Handeln. In Dutschke sieht er seine Jugend, seine Tagträume, seine Sehnsüchte nach Praxis neue Gestalt geworden. Der alte und der junge Rebell wirken zuweilen in Gestik und Sprache – vor allem der strenggesichtige, asketisch aussehende Rudi Dutschke – wie wilde Gestalten aus der Landschaft der deutschen Bauernkriege. Und allen (in der Bad Boller Akademie) Anwesenden wird rasch klar: Da ist eine spontane Faszination zwischen den beiden, da funkt es geistig, da ist pädagogischer Eros und respektvolle Verehrung, da begegnet der revolutionäre GROSS-Vater dem erträumten Enkel. Da erinnert jeder das berühmte, von Bloch stets neu gern zitierte Wort über die enttäuschte Hoffnung der deutschen Bauern. »Geschlagen ziehen wir nach Haus, unsere Enkel fechtens besser aus!«

In Rudi Dutschke, dem Symbol und markantesten Anführer, nicht unbedingt Theoretiker des studentischen Aufbruchs, genauer: der sozialen und Jugendbewegung von 1967/68 sieht Bloch eine »neue Etappe der Aufklärung«, eine Tendenz des Denkens nach vorn, wie er es in seinem *Prinzip Hoffnung* meisterhaft beschrieben und erzählt hat.

Und umgekehrt: Die messianische Philosophie Blochs – seine Sehnsucht nach einem mit der Natur und dem Kosmos versöhnten Menschen und einer Welt ohne Ausbeutung, Hunger und Krieg, nach einem geistigen Land, »das allen in die Kindheit scheint und worin noch niemand war: Heimat« – ist zur Sehnsucht mindestens eines Teils der neuen deutschen Jugendbewegung geworden – zur Sehnsucht des christlich geprägten Rudi Dutschke ganz gewiß.

Diese Hoffnung, dieser Optimismus, den man von mir aus auch Glaube nennen mag, die Verwandtschaft ihres Sendungsbewußtseins, ihre seherisch-geniale Gebärde sind Gründe und Grundlagen der augenblicklichen und lebenslangen Sympathie und Freundschaft dieser beiden Männer.
Doch was heißt hier schon lebenslang?
Diese Freundschaft wurde kein Dezennium alt, dauerte von Februar 1968 bis August 1977 – da starb Ernst Bloch. Und wurde, ganz am Anfang, gleich dramatisch unterbrochen: Genau zwei Monate nach ihrer Begegnung in der Akademie, nach diesem 11. Februar 1968, am 11. April 1968 fällt Rudi Dutschke in Berlin einem Mordanschlag zum Opfer, sechs Tage nach dem Mord an Martin Luther King.
»Sie müssen mich besuchen«, hatte Ernst Bloch emphatisch zu Rudi Dutschke gesagt beim herzlichen Abschied, »wir haben noch viel miteinander zu sprechen!«
»Es ist nämlich die Freundschaft nichts anderes als die Übereinstimmung in allen irdischen und überirdischen Dingen, verbunden mit Zuneigung und Liebe; im Vergleich zu ihr dürfte – abgesehen von der Weisheit – dem Menschen von den unsterblichen Göttern wohl kaum ein schöneres Geschenk zuteil geworden sein.«
Ein wunderbar idealer, harmonischer Begriff von Freundschaft, von Männerfreundschaft, den ich in

Ciceros schöner Schrift *Über die Freundschaft* gefunden habe. Bloch und Dutschke – wird ihre Freundschaft solch schönem, strengem Maßstab gerecht? Zuneigung? Ja. Liebe? Ja. Übereinstimmung in allen überirdischen Dingen? Ja, am Ende wohl auch dies. Übereinstimmung in allen irdischen Dingen? Nein, das nicht – eine solche Freundschaft wäre vielleicht auch ein wenig langweilig. Die Freundschaft von Bloch und Dutschke hielt Differenzen und Widersprüche aus, ja lebte teils von ihnen.

Doch um Cicero nicht Unrecht zu tun, sei er noch einmal zitiert:

»Freundschaft kann es nur unter sittlich guten Menschen geben. Denn nur der sittlich Gute, man kann auch sagen: der Weise, hält sich in der Freundschaft an den Grundsatz, daß es keine Verstellung und keine Heuchelei geben darf.«

In diesem Geist – er selbst nannte es gern Abarbeitungsprozeß: kritisches Messen der geistigen Kräfte an wichtigen Inhalten in Gleichzeitigkeit von Nähe und Distanz –: im Geist der Offenheit, Ehrlichkeit bis zur Naivität, schrieb Rudi Dutschke etwa einen Artikel zu Blochs neunzigstem Geburtstag: »Ein gelebtes Leben, das nun schon biblische Dimensionen überschreitet, scheint mir durch Problematisierung am besten geehrt zu werden. Besonders wenn es die zu tun versuchen, die über Blochsche Spuren und Wege gewachsen sind, die Erben seines futurischen Blicks, die Neuen Linken in der Bundesrepublik.« Kritische Fragen stellt er dann an Leben und Werk Blochs, nach revolutionärer Praxis, zum Verhältnis zu Stalinismus

und Sowjetunion etwa. Blochs philosophische Distanz habe sich bei der Beurteilung Stalins als Verkürzung erwiesen. 1935, in *Erbschaft dieser Zeit*, mache der Philosoph zwar Elemente für die Analyse des deutschen Faschismus frei, nähere sich einer proletarischen Selbstkritik, doch den Abstieg der Oktoberrevolution ignoriere er, seine Forderung »nach Freiheit, konkreter Wahrheit und realer Humanität als Kriterien sozialer Emanzipation« mache leider vor den Toren Moskaus halt. Nach dem Blick auf Blochsche Verirrungen feiert er aber seinen Freund als Repräsentanten revolutionärer Philosophie und »philosophische Seele« eines neuen Weges zum Sozialismus.
Und Ernst Bloch, umgekehrt, mindestens im direkten Gespräch mit Rudi Dutschke, nahm auch kein Blatt vor den Mund. Schon in Bad Boll hatte er die Vernebelungen der Revolte, den tierischen Ernst der Rebellen, ihre deutsche Verbissenheit – auch Rudi Dutschke war gemeint – angesprochen, hatte gemahnt, Heiterkeit in die Revolution zu bringen!
Und auch in den siebziger Jahren war Bloch als Philosoph und politischer Mensch, als Ästhet und Literat nicht sehr glücklich mit vielem, was da mancher Aufklärer und sprachlose Agitator den sogenannten Massen und ihm zumutete an Phantasielosigkeit. Und so machte er eines Tages, im Sommer 1975, kurz nach seinem neunzigsten Geburtstag, als wir ihn in Tübingen besuchten, in einer sensiblen, doch klaren, freundschaftlichen, doch schonungslosen Art Rudi Dutschke, in dessen Doktorarbeit (Versuch, Lenin auf

die Füße zu stellen) er gelesen hatte bzw., da nahezu erblindet, sich hatte vorlesen lassen, auf Gefahren der sprachlichen Verarmung, die Häufung dünner Soziologismen aufmerksam und empfahl Dutschke dringend, neben der Lektüre theoretischer Bücher Romane oder Gedichte nicht zu vergessen. Rudi ließ sein Hühnerbein kalt werden – Karola Bloch ihres auch: Sie liebte Rudi, er tat ihr leid –, Rudi versuchte Erklärungen, wehrte halb ab, verteidigte sich wortreich, doch in dieser Phase des mehrstündigen Tischgespräches konnte er nur verlierender David gegen Goliath sein: Er wußte selbst: Der Alte, wie er Bloch respekt- und liebevoll nannte, hatte wunde Stellen angerührt. Ich schreibe erst mal nichts mehr, sagte er nachdenklich auf der Rückfahrt nach Berlin (die fränkischen Klöße meiner Mutter schmeckten ihm trotzdem), der Alte hat völlig Recht, ich muß mich erst wieder vollsaugen mit neuen Stoffen, neuen Wörtern, neuen Erfahrungen – und holte wenige Tage darauf Büchner und Heine und Enzensberger aus dem riesigen Bücherregal der Berliner Wohngemeinschaft.

So waren solidarische Kritik und krrritische Solidarrrität, wie Rudi Dutschke das nannte, gesprochen mit dem zungen-rrrsten RRR, das ich je gehört habe, wichtige Merkmale dieser Freundschaft, geprägt von gegenseitiger Lernbereitschaft und Toleranz abweichender Meinung, anderen Denkens – auch in diesem Sinne für uns Heutige eine lehrreiche, symbolträchtige, hoffnungsvolle Freundschaft.

Und für die zahlreichen Übereinstimmungen »in allen irdischen und überirdischen Dingen, verbunden mit Zuneigung und Liebe«, um auf Cicero zurückzukommen am Ende, ist heute gar nicht Zeit und Raum. Ich will nach dem kleinen Versuch über eine große Freundschaft lieber noch die beiden Helden *selbst* zu Wort kommen lassen – in Ton und Bild allerdings: Dort erscheinen sie klarer und sinnlicher als im brillantesten Vortrag *über* sie.

Übereinstimmung, Zuneigung und Liebe bestimmte etwa das erste Wiedersehen nach dem Kennenlernen in Bad Boll: Es fand in Dänemark statt, am Meer, im August 1971. Rudi Dutschke machte damals Notizen über die vielen, unendlich langen Gespräche mit Karola und Ernst Bloch. »Abreise. Sie lieben uns und umgekehrt; hatte mit ihm noch ein kurzes interessantes Gespräch über die Schwierigkeiten der Vermittlung von verschiedenen Sprachebenen, in welchen sich Klassendifferenzierungen und Geschichtsverluste ausdrücken.«

Genau sechs Jahre später, im August 1977, stirbt Ernst Bloch an Herzschwäche. Förmlich bis Stunden vor dem Tod hatte er gearbeitet, Nachlese gehalten am vollendeten Werk, das bei Suhrkamp – mit Siegfried Unseld verband ihn frühe, treue Freundschaft – auch als Gesamtausgabe verlegt ist.

Im April 1979, Rudi Dutschke wird selbst nicht mehr lange leben – nach einem epileptischen Anfall stirbt er in der Badewanne, wenige Meter von Frau und Freunden entfernt –, im April 1979 also schreibt ihm Karola Bloch:

»Du bist wie so ein Vermächtnis von Ernst. Hast auch manche Ähnlichkeit mit ihm: Deine Heiterkeit, Gelassenheit, Temperament, gute Rhetorik, kluges Denken liegt in der Linie von Ernst. Er hatte Dich auch sehr gern.«

Sehr verehrte Damen und Herren, ich fand heute nacht noch folgendes Zitat: »Wo befreundete Wege zusammenlaufen, da sieht die ganze Welt für eine Stunde wie Heimat aus.«
Die Vermutung liegt nahe, der Satz stamme von Ernst Bloch. Doch Hermann Hesse hat ihn gedacht und geschrieben. Dies eine kleine Reverenz an den Dichter dieser Landschaft von einem Berliner Steppenwolf.
Mein Eindruck in diesen Tagen: Hier laufen nicht selten befreundete Wege zusammen.

DER GOTT DES TODES HAT VIELE GESICHTER

Wie Jona im Bauche des Walfisches sich immer wieder seiner selbst vergewissern mußte, indem er schrie, er sei ein Prophet, er sei ein Mund Gottes, um hoffend zu überleben, mußte R. in der Riesin – er bevorzugte zu diesem Behufe besondere Jahrestage – sich der Wurzeln seines Ich vergewissern, um das Gefühl eines Auserwähltseins, nein, das WISSEN um seine Besonderheit stets aufs neue zu gewinnen, machte doch allein dieses Bewußtsein, fern von kindlichen Allmachtsphantasien und trivialem Größen-

wahn, den Umgang, den Kampf, den Verkehr mit der Riesin nicht von vornherein zu einem lächerlichen Unterfangen.
Gewiß, zuweilen fühlte er sich wie Sisyphos.
Im zweiten Gedanken jedoch an den einstigen Herrscher von Korinth, der angeblich der wirkliche Vater des Odysseus war, erinnerte R., daß das vielleicht Wesentliche am Mythos des Sisyphos nicht das scheinbar sinnlose ewige Ritual des Hinaufwälzens eines Felsblockes auf einen Berg der Unterwelt war, vielmehr, daß der ewig wieder herabrollende Stein Strafe für seine rebellisch-ich-hafte Überlistung des Gottes war. Nun, auf seine Weise hatte auch er dem Gott des Todes getrotzt.
Gezeugt in der Riesin Berlin, hätte R. sie um Haaresbreite nie zu sehen bekommen.
Bis heute kann er sich nicht erinnern (ein Lob auf die Verdrängung!), ob ein Gefühl des Glücks oder eines des Schmerzes ihn befiel, als er im Tagebuch seiner Mutter las.
»Ich wünschte mir viele Kinder. Und mehr Liebe wollte ich ihnen geben als ich bekam.
Doch dieses Kind, mitten im Krieg, kurz vor einem ärztlichen Einsatz im russischen Charkow, doch dieses Kind, Folge einer fast gewaltsamen Verführung einer Jungfrau, dieses Kind, das ohne Vater aufwachsen würde, dieses Kind wollte ich nicht.
Ein uneheliches Kind, das war damals furchtbar.
Ein uneheliches Kind war damals eine große Schande. Das Kind würde ein Bankert genannt werden, die Mutter eine Hure geschimpft.

Heim ins Dorf hätte ich nicht mehr können.
Niemand würde zu mir stehen.
Ich war allein, weinte Tage und Nächte.
Ich nahm heiße Bäder, sprang vom Tisch, hob schwere Dinge.
Doch das Kind blieb in mir.
Wie oft stand ich an der Elbe bei Dresden und wollte sterben.
Wie oft holte mich eine Kollegin, meine beste Freundin Änne, die mir gefolgt war, aus dem Wasser der Elbe.
Der Vater des Kindes hatte mir verschwiegen, daß er verheiratet war, einen Sohn hatte.
Er schrieb mir, er lebe in Scheidung, wolle für das Kind sorgen, mich später heiraten.
Dreizehn Jahre Warten wurden daraus.
Der Vater riet mir zugleich, das Kind abzugeben in einen Hitlerhort.
Die Nazis brauchten ja reinrassige Kinder.
Doch vom ersten Schrei meines Sohnes an wußte ich ja, daß ich mich niemals von ihm trennen würde.
Nach seiner Geburt arbeitete ich in einer Kinderklinik in Radebeul bei Dresden.
Eines Tages kamen hohe Offiziere von der Reichsleitung und fragten nach meinem Sohn.
F., der Vater von R., hatte einem hohen Tier der Nazis, mit dem er befreundet war, meine Adresse genannt.
R. wurde fotografiert, seine Papiere geprüft.
Er sollte in eine Klinik der höchsten SS-Leitung verlegt werden, wo ausgewählte reinrassige Kinder gehegt wurden. Offenbar wurde mein Sohn R. den Maß-

stäben Hitlers und der SS zur Züchtung eines arischen Herrschaftsgeschlechtes gerecht. Blaue Augen, blondes Haar, edle Kopfform.
Ich war außer mir.
Sie boten viel Geld.
Und es gab auch ein Gesetz, das dem Staat erlaubte, der Mutter ein uneheliches Kind wegzunehmen.
Vor lauter Angst floh ich in mein Heimatdorf R.
Nicht um alles in der Welt hätte ich mein Kind hergegeben.
Ich war nun viel zu arg Mutter, eine Löwin eben.
Ich hätte jeden getötet, der meinen Kindern ein Leid zugefügt hätte.
Jeden!
R. war ein zartes Kind.«

Der Gott des Todes hat viele Gesichter.
Noch im Mutterleib hatte R. deren eines geschaut. Früher gar als der, dem er unendlich viel verdankte: Johann Wolfgang von Goethe.
»Durch Ungeschicklichkeit der Hebamme kam ich für tot auf die Welt, und nur durch vielfache Bemühungen brachte man es dahin, daß ich das Licht erblickte.«
Der Gott des Todes hat viele Gesichter.
Und wenigen ist es vergönnt, in eines zu blicken und fortzuleben – gewiß: für mehr oder weniger kurze Zeit.
In außergewöhnlicher Freiheit jedoch, mit einem bärenstarken Willen, im Glücksfall, wie bei Goethe, als genialer kreativer Geist.

Der Gott des Todes hat viele Gesichter.
Und R. hatte, als Knabe schon, als Schüler dann und als Studiosus, so manches Gesicht, und nicht nur einmal, gesehen: Krankheiten zum Tode, Unglücke, melancholische Sehnsucht nach dem Knochenmann.

Auf seiner Spurensuche hatte R. vor kurzem erst einen seiner Schreibversuche wiedergefunden, ein siebenzeiliges Gedicht. Die sakrale Sieben – offenbar von jeher seine mystische Zahl.

IMPRESSIONEN EINES IRREN
HOCH KROCH ICH
AUS MEINEM DUNKEL
IN DAS LICHT EUERER WELT
DOCH BLENDETE MICH FINSTERNIS
NUN BIN ICH HEIMGEKEHRT
VERBORGEN EUCH FÜR IMMER

Seltsam. R. hatte das Poem am 11. April 1968 geschrieben. Das ist der Tag, an dem einer niedergeschossen wurde in Berlin, der drei Jahre später ein Freund wurde im Bauche der Riesin: Rudi Dutschke. Am 11. April 1968 lernte R. in einem westfälischen Internat noch Hebräisch, Latein und Griechisch und ahnte nicht, daß er, gezeugt in der Riesin, auserwählt war, die tiefste Wunde der Riesin zu heilen, eine sie zerschlitzende riesige Todesmauer niederzureißen, die ferne Stadt zu befreien und das allzulang zerrissene Vaterland zu vereinigen.

Dieser R., dachte die Riesin.
Würde er doch ein Freund!
Und mein Geliebter.
Mein Gargantua.

R. IM ROTEN RATHAUS
Eine Verirrung

Eine Freundin hatte R. zu einem »Abendgespräch über Gott und die Welt« mit der berühmten Schriftstellerin eingeladen. Als Ort der Veranstaltung, die von der befreundeten Journalistin, mit der er seine ersten filmischen Magazinbeiträge – über Uwe Johnson zum Beispiel – gemacht hatte, moderiert wurde, war der Robert-Havemann-Saal im Rathaus Berlin-Mitte in der Karl-Marx-Allee 31 angegeben.
Mehr Marianne R. zuliebe, die er lange nicht gesehen hatte, machte er sich an diesem kalten Novemberabend des neunten Jahres nach der deutschen Vereinigung auf den Weg nach Osten.
Rathaus Berlin-Mitte, das konnte nur das berühmte Rote Rathaus sein, das R. seit langem kannte.
Sein letzter Besuch dort hatte ebenfalls mit einer interessanten Frau zu tun.
Kurz nach dem Fall der unseligen Berliner Mauer hatte R. als Leiter und Regisseur des 3sat-Metropolenmagazins Inter-City (Wien, Zürich, Berlin) vor dem Roten Rathaus Aufnahmen mit seiner Moderatorin Arabella Kiesbauer gemacht, der hochintelligenten

und ihm bis heute äußerst sympathischen Fernsehfrau.
Berlin ist oft brutal, eine grausame Riesin.
Während der Fahrt mit Arabella in einem geliehenen Rolls-Royce vom Roten Rathaus in Berlin-Mitte zum *Café Einstein* in der Kurfürstenstraße verlor R. zwei Illusionen, gingen weitere hochstaplerische Träume und narzißtische Phantasien zu Ende.
Der Rolls-Royce, dieses Exemplar zumindest, hatte nicht die erwartete elegante Fahrkultur. Er fuhr hart, holprig, natürlich mit gigantischer Kraft, wie ein Porsche eher, nicht wie ein großer ruhiger Audi, BMW oder Mercedes.
Über diese Enttäuschung konnte auch der Sekt aus der eingebauten Bar nicht hinwegtrösten.
Seither will der Gunter Sachs in R. keinen Royce mehr besitzen.
Und der Casanova in ihm ist seit damals ein wenig kleinlauter, sagen wir besser: sein erotisches Riesen-EGO ist gekränkt.
Rückte er doch auf der erotischen Warteliste der schönen Arabella keineswegs einige Plätze nach oben, wie er wohl heimlich, ganz ganz tief drinnen, gehofft hatte während ihrer Fahrt im Edelwagen.
Oder hatte R., dieser Idiot, einen Zugewinn deiner Sympathie, liebe Arabella, etwa nicht gemerkt? Servus, auf bald einmal in München oder Berlin, R. muß jetzt wirklich zur Dichterin ins Rote Rathaus!

Mit der S1 von Zehlendorf her kommend, stieg R. Unter den Linden aus, spazierte zielbewußt den neu

erwachten Boulevard entlang, vorbei an der Deutschen Oper, der Humboldt-Universität, am Dom, ließ den Alexanderplatz links liegen und erreichte das Rote Rathaus.
Riesiger als sonst erschien es ihm in der Dämmerung. Und seltsam still und dunkel.
Der Westberliner Odysseus war am falschen Rathaus gelandet.

Ein Ostberliner Marktmann, der als einer der letzten seinen Obststand räumte, erklärte R. sehr freundlich (eine eher marginale Erscheinung in dieser Stadt), zum Rathaus Berlin-Mitte käme er für einen Zehner mit dem Taxi oder mit der U-Bahn-Linie soundso.
Wenige Minuten nach seiner Ankunft im richtigen Rathaus, moderner und häßlicher als das Rote, begegnete R. in der Garderobe der Dichterin. Welch glücklicher Zufall. In der Riesin Gezeugte sind Glückskinder.
Warum die Schriftstellerin in diesem ärmlichen Rahmen auftritt und sich vor 77 Menschen über gemeine westliche Medienkampagnen zu ihren Stasi-Akten beklagt, wissend, daß in diesem Ost-Raum alle bis auf zwei diese bösen West-Dinge absolut wie sie sehen.
Ja, *Der Geteilte Himmel*, er ist schmerzliche Gegenwart.

Die Riesin weint in solchen Nächten.

T. schien zu jenen Staatsschriftstellern und Parteikünstlern zu zählen, die, trotz einiger kritischer An-

merkungen dem deutschen Stalinismus in staatlicher Form die Nibelungentreue gehalten hatten.
Im Gegensatz etwa zu einer Gestalt wie Peter Huchel, dem großen Lyriker, der die DDR früh und hellsichtig einen Schrotthaufen genannt hatte – nicht, weil er gegen Gerechtigkeit und Sozialismus war, sondern mit Herz und Hirn und Hand DAFÜR.

Doch dann hat R. im Verlaufe des Abends das Schicksal der T. tief angerührt, ihre radikale Ehrlichkeit ihn stark beeindruckt.
Wer in Deutschland wagt, öffentlich etwa ein Wort zu sagen wie: »Ich war begeistert in der Hitlerjugend!«?

Deutsche *Kindheitsmuster* von seltener Tiefe und Klarheit wurden sichtbar und spürbar an diesem Abend im preußischen Berlin am exemplarischen Leben der Schriftstellerin T. Getaumelt von einem deutschen Despotismus in den nächsten. Sehr offenes Sprechen über ihre Staatssicherheits-Geschichten. »Das habe auch ich selber mir übel genommen.«
Sie durfte nicht ihre Täter-Akten sehen, nur die sogenannten Opfer-Akten.
Sie sei zum Glück in Amerika gewesen, als die Geschichte von ihrer angeblichen IM-Tätigkeit aufgekommen sei.
»Ich weiß gar nicht, wie ich das hier in Deutschland überstanden hätte.«
Sie habe erlebt, wie tendenziös diese Kampagne aufgebaut war. In dieser Kampagne sei verschwiegen

worden, wie ihr Verhältnis zur Stasi später, als sie Opfer war, gewesen sei.
T.s selbstkritische Haltung, immerhin hatte sie zeitweise hohe Ämter im SED-Staat inne gehabt, in dieser Frage und ihr Zurückweisen teils in der Tat hämischer, dümmlicher, mit gnadenlosem Unverständnis für menschliche Verirrungen und Schicksale westlicher Kritik fand R. sehr sympathisch, brachte ihn zu tieferem Nachdenken.

Doch dann flogen ihm plötzlich wieder verallgemeinernde Sätze um die Ohren, nicht angetan, Versöhnung und geistige Vereinigung in Berlin, in Deutschland, in Europa zu befördern. »Verlierer können zuweilen besser sehen als Sieger ... Verlierer sind aufgewühlter und offener für den Blick von unten. Und der Blick von unten bringt mehr als der Blick von oben. Ich bin nicht so sicher, ob im Vereinigungsprozeß der Westen den Osten nicht doch besiegen wollte.
Die Dämonisierung der DDR als Reich des Bösen hat den Rechtsradikalismus hervorgebracht.«

Während R. diese Worte wörtlich auf seine Einladung notierte, fühlte er sich wie ein westlicher Geheimagent.
Und seine Nachbarn, bei solchen Verkündigungen der Dichterin besonders heftig Zustimmung nickend, schauten ihn wie einen solchen an. Feindlich.
Was bleibt von diesem Abend, dachte R., als er seine kluge jüdische Freundin vorsichtshalber zur U-Bahn

begleitete und mit ihr gen Westen fuhr (nicht nur Ost-Glatzen jagen alles andere). Was bleibt von diesem Abend?
Für die berühmte Dichterin.
Für 75 Ostberliner.
Für 2 Westberliner.
Vielleicht diese Geschichte.
Vielleicht ein Nachdenken über Irrungen und Wirrungen und Wege heraus.

In dieser Nacht weinte die Riesin.
Und hoffte. Und lachte.

BERLINER TITANEN-TRÄUME ODER DIE RACHE DES RIESEN R.

Der Berliner Verleger hatte R. im Gespräch für einen Film über den Dichter und Regisseur Pier Paolo Pasolini erzählt, viele deutsche Intellektuelle staunten stets aufs neue darüber, daß einem erklärten politischen Gegner wie Pasolini Raum für Artikel, Essays, ja Polemiken in großen bürgerlichen Zeitungen und Zeitschriften gegeben werde und seien daher neidisch auf Pasolini, genauer auf eine – in Deutschland kaum vorstellbare – Diskussionskultur in Italien, die solche öffentlichen Dialoge möglich mache.
R. war seinerzeit ein wenig bleich geworden, gehörte doch auch er zu diesen Neidhammeln. So war es etwa ein langgehegter Wunschtraum und entsprach sei-

nen Vorstellungen von Ruhm, zum Beispiel eine Geschichte in der Frankfurter Allgemeinen Zeitung (denn natürlich hielt er sich für einen klugen Kopf) oder in der traditionsreichen, glanzvollen Neuen Zürcher Zeitung zu schreiben. Denn eines war R. klar: Die geistige Elite der Riesin – oder was sich dafür hielt – war nur zu beeindrucken, zu erobern, wenn nötig zu besiegen durch seine öffentliche Anerkennung als nobelpreisverdächtige Edelfeder jenseits der Berliner Mauern und Stadtmauern, am besten jenseits der Landesgrenzen.
Längst hatte R., gepeinigt von dunklen Erinnerungen an Berliner universitäre Riesenschwachhirne, ideologische Schreibtischtäter und geistige Verführer Minderjähriger und heimgesucht von Rachephantasien, sich einen angemessenen Stoff ausgedacht.
Für die Neue Zürcher Zeitung würde R. ihn wie folgt formulieren:

VOM TERROR DER TITANENKINDER

1968 – Wurzeln und Spuren eines Mythos

»Ihr Prediger der Gleichheit,
der Tyrannen-Wahnsinn der
Ohnmacht schreit aus euch
nach ›Gleichheit‹: eure heim-
lichsten Tyrannen-Gelüste
vermummen sich also in
Tugend-Werte!«
Friedrich Nietzsche

Berliner Jahrestage. Im April dieses Jahres jährte sich zum dreißigsten Mal das Attentat auf dem Kurfürstendamm auf Rudi Dutschke, einem Führer und Symbol der 68er Revolte. Wir waren befreundet.

Richard von Weizsäcker schrieb mir neulich Gescheites und Anrührendes über geistige Brücken zwischen 1848 und 1968, zwischen dem kleinen Berlin-Dahlemer Dorffriedhof, wo Rudi Dutschke liegt, und dem urschwäbischen Tübingen, wo am berühmten Stift der Bruder seines Urgroßvaters einer der Revolutionäre im Jahre 1848 war und wo Ernst Bloch begraben ist, ein philosophischer Vater der Rebellen von 1968. Richard von Weizsäcker ist ein kluger Konservativer.

Jürgen Habermas sieht als Folge des weltweiten Aufbruchs der späten sechziger Jahre eine großartige Liberalisierung der kapitalistischen Gesellschaft.
Jürgen Habermas ist ein kluger Linker.

Ralf Dahrendorf formulierte es kürzlich so: Ohne Rudi Dutschke und 1968 hätte es in Deutschland die sozialliberale Koalition des Jahres 1969 nicht gegeben, keinen Macht- und Politik-Wechsel.
Lord Dahrendorf ist ein kluger Liberaler.

Wer wagte, solch großen Geistern zu widersprechen? Wer darf es? Ich: ein verführter Verführer des Jahres 68. Die Antiautoritären waren autoritär, totalitär, gläubige Kinder *einer* Wahrheit, *einer Philosophie,* Kinder von Hitler und Marx (von Carl Friedrich von Weiz-

säcker Titanen genannt), extreme Ausgeburten idealistischer Philosophie.
Adolf Hitler, der faschistisch-titanische Rebell, kam an die Macht. Karl Marx, der totalitär-titanische Rebell, kam in Gestalt von Lenin und Stalin, Pol Pot und Castro an die Macht. Die Söhne und Töchter dieser Titanen, die Rebellen von 68, kamen nicht an die Macht.
Gott sei Dank! sagen – heute – die Klugen unter ihnen. Und denken dabei mit Schrecken, nur zum Beispiel, an den mörderischen Terror der Roten Garden Mao Tse-Tungs. Und mit Scham an ihren kleinen Terror gegenüber andersdenkenden Professoren und Kommilitonen.
Gott sei Dank! sagen sie, hat die soziale Marktwirtschaft gesiegt, eine offene bürgerliche Gesellschaft, die schlau ihre Krisen und Kritiker geradezu zur Existenzgrundlage macht.
Ist das raffinierte Verschleierung, subversives Versteckspiel, koketter Bluff? Haben die 68er, wenn schon nicht höchste politische Macht, so doch, in Europa zumindest, die geistige Hegemonie? Sind nicht unzählige von ihnen Professoren, Verleger, Richter, Oberlehrer, Ärzte? Dominieren sie nicht viele Feuilletons? Haben sie nicht zahllose gesellschaftskritische Filme gedreht, lasterhaft linke Literatur geschrieben? Einige Konservative und Liberale sehen das so, warnen vor linker kultureller Meinungsführerschaft und Werteverfall. Andere Bürgerliche nehmen es gelassen, vertrauen, wohl zu Recht, auf die integrative Kraft der Institutionen, auf des Langen Marsches kurzen

Atem und darauf, daß die Enkelkinder der Titanen rebellisch eigene Wege gehen. Gewiß: Manche Frauen fühlen sich seither freier, und es gab Impulse für Kunst, Konsum und Werbung. Und: Ein 68er ist der politisch mächtigste Mann der Welt! Bill Clinton protestierte vor 30 Jahren gegen den Krieg der Amerikaner in Vietnam und für sexuelle Befreiung.
Als ich vor wenigen Tagen an der Freien Universität Berlin im Streitgespräch einem Häuptling der 68er Rebellen, inzwischen prominenter Professor, der seltsam stolz seine damalige Niederlage verkündet, den Präsidenten der Vereinigten Staaten als ein Beispiel für partielle Siege der 68er entgegenhielt, kam es ex cathedra titanisch-intolerant zurück. »So ein Unsinn! Clinton ist doch kein 68er! Der ist nichts weiter als ein geiler Bock!«

»Father, I want to kill you!« Jim Morrison

Wie verschieden auch immer die Deutungen der aufrührerischen Stimmung, der erstaunlich gleichzeitigen gewaltsamen Unruhen von Berkeley bis Berlin, von Paris bis Prag, von Tokio bis Zürich ausfallen, wie unvereinbar die Bewertungen von Untaten und Taten der Titanenkinder erscheinen mögen – Einigkeit herrscht darüber, 1968 sei ein außergewöhnliches, vielleicht das Jahrhundertjahr, annus mirabilis – wundersames Amalgam extrem differenter Wünsche und Hoffnungen, Sehnsüchte und Besessenheiten, individueller wie politischer Utopien, Revolten der Körper und Köpfe – eine neuartige, weltweite Jugendbewegung: romantisch, unpolitisch, narzißtisch, radikal-demokratisch, apokalyptisch, sexuell enthemmt, religiös, kommunistisch unterwandert, asketisch, konsumbesessen, gelangweilt, poetisch, terroristisch, verwöhnt, todessehnsüchtig.

Alles wahr! Alles falsch, sobald auf die ganze Generation oder alle Rebellierenden gemünzt!

Januskopf 1968: ein Chaos von Wurzeln und Wegen, sich schicksalhaft kreuzend für kurze Zeit, faktisch kaum vereint: Der schöne Schein, die Macht der Fernsehbilder vor allem, gab ein Gefühl globaler Zusammengehörigkeit, schuf zugleich gigantische Selbstüberschätzung und Größenwahn.

»We want the world, and we want it now!« – Schrei des Jim Morrison, Sänger der Doors, Schrei eines modernen Dionysos nach rauschhaftem, ja animalischem Leben. Kampfschrei zugleich eines jungen Titanen gegen die Obergötter, stürmend den Olymp, Zarathustra, Ödipus und Todesengel in einem: »Father, I want to kill you, Mother, I want to ...« (im 21. Jahrhundert übrigens werden nach Ernst Jünger Titanen die Olympier stürzen).

Ohne den Blues und die Widerstandsformen der schwarzen Bürgerrechtsrebellen wie Sit-ins und Go-ins, ohne ekstatische Rockstars wie Morrison, Jimi Hendrix, Janis Joplin, Mick Jagger und Bob Dylan, ohne die sinnliche Poesie eines Jack Kerouac oder Allen Ginsberg, Timothy Leary oder William Burroughs, ohne die existentialistischen, halbstarken, »coolen« Rollen von Marlon Brando und James Dean, den sie »Rebell ohne Grund« nannten, ist der 68er Aufbruch nicht vorstellbar – im Guten wie im Bösen: in seinen wirklichen Befreiungen aus – je nach Land – Prüderie, sozialem Stillstand, Rassismus, verdrängter Geschichte, wie in seinen dämonischen Verführungen und Verirrungen in Drogen, Gewalt und Selbstzerstörung.

Der Jugendkult von 1968 wurde zynische Wahrheit: »For ever young« beschwor uns Bob Dylan – ja: Nur wer jung stirbt wie Jim Morrison und James Dean, wie Che Guevara und Rudi Dutschke, bleibt ewig jung, wird Ikone, Mythos, Kultgestalt – nicht nur für die 68er Generation.

»Die Konfrontation mit der Staatsgewalt ist zu suchen!« Rudi Dutschke

Wie seine geistigen Väter Marx und Lenin, Mao und Marcuse, Bloch, Sartre und Enzensberger, sah Dutschke – bei aller Kritik auch an stalinistischen Gesellschaften – im Kapitalismus gleichsam das Böse, eine strukturelle Gewaltherrschaft (in der Dritten Welt oft tyrannisch), gegen die sie, die Guten, die Erleuchteten, notfalls mit Gewalt, Gegengewalt geheißen, zu kämpfen hatten. Ausgegangen wurde zugleich vom verblödeten, manipulierten Massenmenschen, der mit künstlerisch-politischen Aktionen und Provokationen aufzuwecken, aufzuklären, dessen falsches Bewußtsein auszutreiben sei.

Rudi Dutschke selbst war in der Gewaltfrage ein Zerrissener: In ihm stritten das tief Christliche und die Leidenschaft für ferne Revolutionen. Dutschke, dessen von einem jungen Hitlerverehrer zerschossenes Hirn symbolisch für Verwundungen und Narben der Revolte steht – war er letztlich, gerade auch als charismatischer Redner, ja Demagoge, nicht doch auch ein Sohn des Titanen Adolf Hitler? »In Rudi war der ekstatische Geist von Goebbels!« flüsterte mir der berühmte Kabarettist Wolfgang Neuss kurz vor seinem Tode zu. Neuss, selbst ein Ekstatiker (nicht nur im Drogenrausch), bewunderte, ja liebte Dutschke.

»Die Weisheit zeitiger Reformen bedenken!«
Edmund Burke

Wie immer der Aufbruch von 1968 im Buch der Geschichte genannt werden wird – Studentenrebellion, blinder Krawall, soziale Revolte, Aufstand der vaterlosen Generation, gescheiterte Revolution wie 1848: Eines wird er die Nachgeborenen allemal lehren, die Mächtigen zumal: Lest früh die Zeichen an der Wand, schaut dem Volk aufs Maul und Euren Söhnen und Töchtern in die Augen und Seelen! »Die Weisheit zeitiger Reformen zu bedenken«, mahnte schon der Engländer Edmund Burke, ein Gegner der Französischen Revolution von 1789, sonst drohe allgemeine Erregung und »die Wut einer wilden Menge, die nichts mehr verbessern, sondern nur noch niederreißen will«.
Oder ist Weltgeschichte undenkbar ohne Barrikaden, Zerstörung, Krieg, ohne Bismarcks »Eisen und Blut«? Existierten ältere vorbildliche Demokratien wie die der Schweiz, Englands, Frankreichs, Nordamerikas ohne die bewaffneten Aufbrüche von 1688, 1789,

1848, ohne Sturm auf die Bastille, Wilhelm Tell und Rütlischwur?

»Um politisch mündig zu werden und Freiheit als das eigene Lebenselement zu begreifen, muß man einmal einen König geköpft, jedenfalls ihn aus dem Lande gejagt, oder Fremdherrschaft abgeschüttelt haben.«

Zwar bin ich kein Königlicher, verehrter Christian Graf von Krockow, doch gegen Köpferollen aller Art. Auf Notwendigkeit von Gewalt beriefen sich auch die Titanen Marx und Hitler und ihre 68er Kinder: messianische Freiheitskämpfer allesamt – subjektiv, wahnhaft. Verblendet glaubten sie an Machbarkeit von Geschichte und an sich als auserwählte Vollstrekker: auch für Hannah Arendt eine Wurzel der großen Katastrophen dieses Jahrhunderts.

1968 ist der (hoffentlich) letzte Versuch, eine komplexe, rätselhafte Welt (religiös gesprochen: Gottes Schöpfung) mit philosophischem Einheitsanspruch zu deuten, das faszinierend geheimnisvolle Individualwesen Mensch, hybrid sich im Besitz der einen Wahrheit fühlend, zu seinem »Glück« zu zwingen.

Gewiß: Der natürliche Hunger vieler Jugendlicher nach Existenz- und Welterklärung, ihre Sehnsucht nach Sinn und Sinnlichkeit wurde unzureichend gestillt von Eltern und Staaten, die nach dem großen grausamen Krieg, nach traumatischen Verlusten ihrer Illusionen, besonders in Deutschland sich mit kalter Vernunft ganz dem Materiellen zuwandten: den Trümmern, dem Geld, dem Wirtschaftswunder – so folgten die Hungrigen ideologischen Führern und Rattenfängern.

»Wieviel Wirkungsraum wurde dieser Generation eingeräumt, um ihre Epoche zu gestalten, zusammen mit den Vätern?« fragte Max Frisch 1977: Da hatte der Terrorismus, ohne Frage ein 68er Kind, schon 7 Jahre blutige Spuren gezogen. Die Väter haben viele Signale nicht gesehen, zuweilen hilflose Hilferufe nicht gehört – der Gammler, Hippies, Halbstarken etwa.
Hier ist Versäumnis, hier liegt Schuld.
Doch umgekehrt ist zu fragen: Die Söhne und Töchter, welche Werte, welche Ziele und Mittel boten sie, um, zusammen mit Vätern und Müttern, eine neue, bessere Welt zu schaffen? Ihre Utopien, Träume und Entwürfe waren abstrakt, angelesen, oft kopiert aus fernen Welten, ohne Realismus, negativ, nihilistisch. Sie blieben verzerrte Spiegelbilder der Väter, ohne eigene Ichs, indem sie starr, ohne Willen zur Synthese, nur extremes Gegenteil waren zur Welt der Väter, der kleinen Titanen. Gegen zuweilen übertriebene Ordnung und Sauberkeit setzten sie Verwahrlosung und banales Chaos, Faulheit und Verweigerung gegen protestantische Arbeitsethik und Verantwortung.
Und die Form ihrer Fragen an schweigende Väter? Der Stil der Rebellen gegenüber deren Geschichtsverdrängung? Gnadenlos zumeist, auf »Entlarvung« aus, arrogant, intolerant, titanisch eben: Götter und Kinder zertrümmern, vernichten gern. Dämonisierung der Eltern, politischer Gegner, des Staates zerstörten Versuche demokratischen Dialogs im Keim.
Hier liegt große Schuld der 68er Racheengel und Propheten. Januskopf 1968, ein gigantisches Getöse, ein Lärm um fast Nichts.

»Ein Geist, der seiner selbst gewiß ist, redet leiser.« Hätten wir alle doch früher dieser Stimme aus der Stille Schweizer Berge gelauscht, dem poetischen Philosophen Friedrich Nietzsche, dem Einsiedler von Sils Maria.

SEX AND CRIME IM MONSTRÖSEN BERLIN – R.S GESTÄNDNIS

Düsterer Herbst im Jahr 2000.
Längst ist Berlin wieder die Hauptstadt der Frauenmörder, Kinderschänder, Totschläger, Wegelagerer.
Gewiß: Keiner wird als Verbrecher geboren.
Das wußte der große Dichter Friedrich Schiller vor über 200 Jahren schon.
Dies öffentlich zu sagen und zu schreiben, war damals allerdings ein Mut und eine Provokation. »In der ganzen Geschichte der Menschheit ist kein Kapitel unterrichtender für Herz und Geist als die Annalen seiner Verwirrungen.«

Gewiß: Keiner wird als Verbrecher geboren.
Oft prägt ein elendes Sein ein kriminelles Bewußtsein. Der Verbrecher als düsterer Spiegel gesellschaftlicher Verhältnisse.
Allzulange war solche Eindimensionalität politisch korrekt, selbst für Konservative.
Auf die zweite Dimension, die individuelle Schuld eines Verbrechers öffentlich aufmerksam zu machen,

ist heute noch, in Ost-West-Berlin im besonderen, eine Provokation, bedarf eines individuellen Mutes. Warum gerade in Berlin? Im östlichen Teil der Stadt vor allem wurde und wird das Individuum und seine Verantwortung extrem klein geschrieben. Der Staat, die Gesellschaft, der Kapitalismus ist an allem schuld, sogar an Haß und Mordlust, an Gefühlskälte und Grausamkeit rechtsradikaler Glatzköpfe.
Düsterer Herbst im Jahr 2000.
Längst ist Berlin wieder die Hauptstadt der Wegelagerer, Totschläger, Kinderschänder, Frauenmörder.
Doch auch jenseits der politischen mörderischen Monstrositäten ist die Geschichte der Riesin Berlin eine äußerst blutige.

Mit einigen schaudernden Blicken zurück, liebe Leserin, lieber Leser, versuche ich nun, unser gemeinsames menschliches allzumenschliches Bedürfnis zu befriedigen, unsere voyeuristische Lust am Dämonischen, Perversen, Entsetzlichen, zu dem sich schon Sophokles, Ovid, Shakespeare, Casanova, Goethe und eben auch Schiller bekannt haben.

Im Zuchthaus Spandau starb am 10. April 1784 Philipp Rosenfeld, der sich als neuer Messias ausgegeben hatte. Seine Anhänger, die seinen Tod nicht glaubten, verehrten ihn als Märtyrer.
Der Mann mit dem langen Prophetenbart hatte verkündet, die Obrigkeiten seien krumme Schlangen – der König ihr Oberster, der Beelzebub nämlich: Er liebe den Mammon mehr als Gott, sei der ägyptische

Pharao, der rote Meerdrache, der große Drache. Er selbst habe die Schlüssel zum verschlossenen Paradiese, besitze das Buch des Lebens, dessen sieben Siegel er nur mit der Hilfe von sieben Jungfrauen öffnen könne.

Im Jahre 1775 hatte Rosenfeld seinen ständigen Wohnsitz in Berlin aufgeschlagen und seinen Anhängern befohlen, ihm die sieben Jungfrauen zu stellen.

Der Schäfer Gumtow hatte drei Töchter geliefert, der Weber Glanz zwei, ein gewisser Meyer die zwei übrigen.

Der sich erwählt wähnende Rosenfeld hatte die naiven Geschöpfe grausam und kaltherzig behandelt, wie Sklavinnen.

Bis auf eine, mit der er drei Kinder zeugte, wohl auch liebte, zwang er die Mädchen brutal zum Beischlaf.

Erst im Jahre 1780 reichte der alte ehrliche Schäfer Gumtow beim König Friedrich II. eine Klage gegen Rosenfeld ein: Dieser habe nicht erfüllt, was er versprochen, doch glaube er nach wie vor, daß Rosenfeld der gerechte und lebendige Gott sei. In einem der ersten Verhöre erklärte der falsche Messias, in Preußen beabsichtige man, das Weiberrecht anstelle des Männerrechts zu setzen, das er jedoch erhalten wolle.

Nicht der Wollust wegen habe er die Mädchen gehalten, sondern um sein Geschlecht, seinen Stamm, seinen Namen zu retten, um das Vaterrecht wiederherzustellen.

Der Kriminalsenat des Berliner Kammergerichts verurteilte Rosenfeld zum Staupenschlag und lebenslänglicher Festungsstrafe. Der König selbst bestätigte

am 12. Januar 1782 dieses Urteil. Am 8. November selbigen Jahres erlitt Johann Paul Philipp Rosenfeld öffentlich den Staupenschlag.
Dem neuen Messias half kein Wunder.
(Erzählt nach: »Der neue Pitaval – Interessante Kriminalfälle aus alter und neuer Zeit« von Willibald Alexis und Julius Eduard Hitzig)

»WENN ICH MORDETE«,
gestand der Räuber Karl Friedrich Masch, »so tat ich es nicht aus Blutdurst und weil das Morden mir Freude machte, sondern teils aus Sinneslust, teils um mir meinen Lebensunterhalt zu erwerben.
Ich wollte meine Freiheit nicht aufgeben, und deshalb mußte ich zum Mörder werden.«

Vita eines Mörders:
Am 28. April 1824 im Forsthaus Brunken geboren.
Der Vater trank, überließ die Erziehung der Kinder der Mutter.
Der Junge ging ungern zur Schule.
Er sprang lieber in Feld und Wald umher, nahm Vogelnester aus und plünderte Obstgärten wohlhabender Bauern.
Wenn die Mutter ihn züchtigte, lief er davon, verbarg sich tagelang, um die Mutter zu ängstigen.
Nach des Jungen Einsegnung starb der Vater.
Karl Friedrich arbeitete als Knecht auf einem Rittergut.
Tadel vertrug er nicht, nach vier Jahren wurde er weggeschickt.

Sein Bruder Johann Gottlieb, jähzornig wie er selbst, und eifersüchtig, erstach ein Mädchen, versuchte sich zu ertränken, wurde als Mörder zum Tode durch das Rad verurteilt, dann zu lebenslänglichem Zuchthaus begnadigt.

Karl Friedrich Masch überwarf sich mit seinem neuen Herrn, einem Bauern, heißen Blutes zündete er dessen Hof an. Der große Schaden machte ihm ein böses Gewissen.
Mit Diebstählen hielt er sich über Wasser.
Im Jahre 1844, 20 Jahre alt, wurde er Soldat.
Im März 1848 wurde mobil gemacht, der Reservist marschierte mit nach Berlin.
In der Hauptstadt gefiel es ihm sehr gut.
»Ich überlege mir nun, daß das Dienen auf dem Lande doch eine harte Plage sei. Das Leben in den großen Städten schien mir weit verlockender, namentlich reizte es mich, daß man so leicht und frei mit dem weiblichen Geschlecht verkehren konnte.« Er wurde Gemüseverkäufer in Berlin, dann Hausdiener bei einem Restaurateur, mit dem er in ein intimes Verhältnis trat. Er wurde Tagelöhner, traf seine frühere Geliebte, die Trauung scheiterte an seiner grundlosen Eifersucht.
Lust auf schwere Arbeit hatte er keine, wollte in die Fremdenlegion, wurde als untauglich abgewiesen.
Sein Bruder Martin nahm ihn auf, war damit einverstanden, daß er Kost und Wohnung mit Diebesgut beglich.
Karl Friedrich Masch lebte hinfort als Räuber und Brandstifter, als Mörder und Frauenschänder.

Er baute sich eine unterirdische Höhle im Wald, plünderte ein Dorf um das andere.
»Ich hatte mich nach und nach an diese Lebensweise gewöhnt und entbehrte eigentlich nur das eine schmerzlich, daß ich niemals Gelegenheit fand, mich dem weiblichen Geschlecht zu nähern.«
Im Jahre 1857 versuchte er, die siebzehnjährige Tochter eines Försters zu vergewaltigen. Sie entkam ihm mit Glück.
Ein Jahr später machte er einer Witwe sexuelle Anträge.
Sie wies ihn ab, zornig würgte er sie zu Tode.
Er verspürt nach dem Mord keine Unruhe, keine Gewissensbisse.

Im August 1858 kundschaftete Masch ein herrschaftliches Wohnhaus aus, sah ein junges Mädchen in der Stube, wartete die Nacht ab.
»Ich stieg durch ein offenes Fenster, schlich auf den Zehen zu dem schlafenden Mädchen und tastete leise an ihrem Körper herauf bis zum Halse, dann setzte ich beide Daumen an und drückte zu. Mit einem langgedehnten ›Hu!‹ und dem Rufe ›Herr Gott!‹ hauchte sie ihr Leben aus.
Ich durchsuchte alles, fand aber nur anderthalb Silbergroschen in einer Kleidertasche; darauf büßte ich an dem noch nicht erkalteten Körper meine sinnliche Lust und verließ dann das Haus. Mein Gewissen regte sich auch nach diesem Verbrechen nicht, ich zog gleichmütig meine Straße weiter.«
Er träumte, über das Meer nach Amerika zu kommen.

Von einer neuen Höhle aus machte er im Jahre 1860 Streifzüge nach allen Richtungen, brandschatzte, mordete.

»Durch die Gaststube kam ich in die Schlafkammer. Hier brannte ich ein Schwefelholz an, erhob das Beil und zerschmetterte erst dem Manne und dann der Frau den Kopf ... schnitt dem Mann und der Frau mit einem Messer die Kehle ab und durchsuchte die Kleider, die Wäsche und die Schränke.

Ich gestehe, daß ich die Leichen aus den Betten gezogen, das Bettstroh durchwühlt und den Körper der Frau geschändet habe.«

Karl Friedrich Maschs sehnlichstes Verlangen war es, mit einer Frau glücklich in seiner unterirdischen Residenz zu leben – es blieb ein schöner Traum.

Im Jahre 1861 überfiel er eine Mühle bei Berlin.

»Mit zwei schnell hintereinander geführten Schlägen schlug ich dem schlafenden Mann den Schädel ein, dann brachte ich mit mehreren Streichen die aus dem Schlafe aufgeschreckte, laut schreiende Müllerin zum Schweigen.

Ich verließ nun die Kammer und ging in die Stube, fest entschlossen, jedes lebendige Wesen darin umzubringen, damit ich nicht verraten würde. Ich fand ein Bett und darin einen Knaben von etwa fünf bis sechs Jahren, der sich unter die Decke verkrochen hatte. Als ich das Deckbett aufhob, schlug das Kind die Augen auf und sah mich freundlich lächelnd an.

Rührung erfaßte mich, es tat mir weh, daß diese hellen, lieblichen Augen brechen sollten, eine Sekunde lang war ich zu Milde und Barmherzigkeit geneigt.

Gleich darauf rief ich mir ins Gedächtnis zurück, daß ich keinen Zeugen verschonen dürfte, ich tötete das Kind also mit mehreren Beilhieben und stürmte fort nach der Kammer der Magd.« Der Räuber Masch schlug sie, erwürgte sie, ermordete danach noch ein schlafendes Kind.

Das Blutbad entsetzte ihn nicht.

Kein Grausen ergriff ihn inmitten der vielen Leichen.

Er dürstete nach dem Gelde des Müllers.

Er durchsuchte Stuben und Kammern, erbrach Kommoden, fand Geld – doch nicht mehr als dreißig Taler.

»Ich muß noch bemerken, daß ich mich auch in Chursdorf an den Leichen der Müllerin und der Dienstmagd vergangen habe. Ich ließ mir diesen Lohn niemals entgehen, wenn ich ein Weib ermordet hatte.«

Wieder kam er glücklich davon, obschon die Polizei und die aufgebotenen Gemeinden schon lange Jagd auf ihn machten.

Sein Glück machte den Mörder dreist.

In Frankfurt bekam er in trunkenem Zustand Händel mit der Polizei, er wurde festgenommen, gestand seine Verbrechen.

»Ich habe nichts Erhebliches verschwiegen und sehe dem Tode getrost entgegen, ausgesöhnt mit mir werde ich den letzten Gang gehen.«

Die Todesstrafe ist für manche Mörder, damals wie heute, nicht die angemessene Strafe.

Lebenslange Festungshaft, lebenslanges Zuchthaus,

lebenslanges Gefängnis mit harter sinnvoller, der Gemeinschaft nützlicher Arbeit trifft manche Mörder mehr als ihr staatlich exekutierter Tod, der zudem demokratische, freie Gesellschaften in archaisches Zwielicht bringt.

Es soll nicht unerwähnt bleiben, daß meine Urgroßmutter mütterlicherseits im Zeidelmoos, einem sumpfigen Waldgebiet zwischen den Orten Wunsiedel und Röslau, von einem hinkenden Räuber tödlich verletzt und ausgeraubt wurde.
Seither werden die Kinder dieser Landschaft, besonders natürlich meine Geschwister und ich und unsere Nachfahren, vor dem grausigen Ort zwischen stolzschönen Tannen gewarnt – mit raunender Stimme: Im Zeidelmoos, da ist es nicht geheuer ...

Mehr als wahrscheinlich ist es: Der Räuber Karl Friedrich Masch ist der Mörder meiner Urgroßmutter.
Vor drei Jahren zerstörten Einbrecher die Balkontür unseres hochverschuldeten Hauses in Berlin-Dahlem (selber schuld, wenn man da wohnen will) und raubten mit sicherem Blick den restlichen Familienschmuck. War es ein einzelner Dieb, eine Bande? Der Raub ist noch nicht aufgeklärt.
Vielleicht waren es Nachfahren, ferne Verwandte des Räubers und Mörders Karl Friedrich Masch.

Längst ist Berlin wieder die Hauptstadt der Frauenmörder, Kinderschänder, Totschläger, Wegelagerer.
Düsterer Herbst im Jahr 2000.

Der Riesin graust vor solch Gestalten.
Und vor ihrer eigenen Schuld.

BERLINER ENDSPIELE

Eines liebte der Riese R. über alles.
In einem Meer schöner Bücher zu sein.
Zuweilen zog er das sogar reizvollen Frauen vor.
Da war der Geist dann willig und stark, stärker als das Fleisch.
Zuweilen zog R. das auch attraktiven kulturellen oder politischen Veranstaltungen vor.
Die Riesin Berlin hat täglich und nächtlich nahezu Unendliches im Angebot.
Heute *Beckett* zum Beispiel.
Eine Tagung: »Beckett in Berlin«.

R. trat an eines der Bücherregale, die er sich aus hellbraunen Brandenburger Backsteinen und Naturholzbrettern gebaut hatte (die Riesin schätzte und belohnte Vereinigungen von Kopf- und Handarbeit) und nahm einige Beckett-Bände heraus.
Er würde nicht zu »Beckett in Berlin« gehen.
Er würde lieber den großen irischen Dramatiker, dessen Melancholie ihm nicht selten nahe war, selber lesen und ein eigenes Buch beenden. Endlich.

WLADIMIR: »Ich langweile dich hoffentlich nicht.«
ESTRAGON: »Ich hör gar nicht zu.«

Eine seltsame Assoziation, ein plötzlicher Gedanke, der eine Furcht wurde, kam da R., der so hungrig nach Liebe war und sie auch in Gestalt des Ruhms ersehnte und suchte.
Wenn du, mir inzwischen so vertraute Leserin, und du, Leser, mein geistiger Freund nun am Ende (diese direkte Ansprache des Publikums hatte ihm bei Fieldings *Tom Jones* so gefallen, besonders, wenn der kongeniale und liebenswürdige Gert Westphal las), wenn R.s Publikum nun wie Becketts Estragon reagierte auf sein neues Werk?
Wie konnte er es aber auch wagen, er schaute auf seinen Schreibtisch: Da lagen Goethe und Kafka, Nietzsche, Beckett und die Bibel.
Wie konnte R. es wagen, angesichts von göttlich geschriebener Weltliteratur auch nur einen einzigen Satz zu schreiben?
Und noch schlimmer: diesen Satz zu veröffentlichen. Nein, so weit wie Thomas Bernhard wollte R. nicht gehen.
Der hatte ihm einst in einem Wiener Kaffeehaus, in *seinem* Kaffeehaus, erzählt, jede Veröffentlichung einer Schrift, eines Textes sei eine Hölle, ja die fürchterlichste aller Höllen. Das sei ein Beschämungsprozeß, der ohne Selbstmordgedanken kaum durchzustehen sei.
R., der, wie Goethe, wie Ernst Bloch, wie Ernst Jünger, um nur drei Geistesriesen zu nennen, nach atheistischen Holzwegen längst wieder ein gottesfürchtiger Mann war, nahm *Die Heilige Schrift*, die ihm ein in der Schweiz lebendes Berliner Ehepaar zur Konfirmation

geschenkt hatte, und schlug den Psalm 7 auf, der ihm in Zeiten der Selbstzweifel, der Existenzangst, der Anfeindung stets Trost und Kraft gegeben hatte:
»Auf dich, Herr, traue ich, mein Gott.
Hilf mir von allen meinen Verfolgern und errette mich, daß sie nicht wie Löwen meine Seele erhaschen und zerreißen, weil kein Erretter da ist.«
Warum nicht, dachte R., das könnten sie doch sein: die letzten Sätze seiner Erinnerungsversuche an die Riesenriesin Berlin, seine Kämpfe mit ihr, seine Wunden, Verluste, Siege, Leidenschaften.

»Ja, man macht etwas fertig, *weil es fertig werden muß*. Aber sehr wenige Werke sind eigentlich fertig geworden, das meiste aus einem Gang entstanden.
Von der frühesten Zeit an, daß ich gearbeitet habe, habe ich immer darnach gestrebt, daß alles, das ich machte, ein für sich geschlossenes Etwas wäre, nichts von einem anderen enthielte, wie eine eigene Organisation sich fortbewegte. Dadurch sind, wenn Sie wollen, meine«, Johann Wolfgang von Goethes, »Werke weniger, als sie sein könnten, auch sie erhalten, auch eben drum ihre Beschränkung, *ihre Individualität.*«
Robert Riese hatte zu seinem eigenen Stil gefunden – und zum Eigentlichen. Der Riese war auf dem Weg zum Ruhm – oder Nachruhm.

An diesem Tag, in dieser Nacht verspürte die Riesin eine Furcht.
Und ein seltenes Glück.

Informationen zu unseren Verlagsprogrammen
finden Sie im Internet unter www.europaeische-verlagsanstalt.de
bzw. www.rotbuch.de

Die Deutsche Bibliothek – CIP-Einheitsaufnahme

Ein Titeldatensatz für diese Publikation ist bei
Der Deutschen Bibliothek erhältlich

Umschlaggestaltung: +malsy, Bremen
Umschlagfoto: © Zefa/Reiner Elsen
Signet: Dorothee Wallner nach Caspar Neher »Europa« (1945)
Herstellung: Das Herstellungsbüro, Hamburg
Druck und Bindung: Clausen & Bosse, Leck
Printed in Germany

ISBN 3-434-50472-9